AF296622

LES PRINCIPAUX RÉSULTATS

NOUVELLES FOUILLES DE SUSE

P. CRUVEILHIER

LES
PRINCIPAUX RÉSULTATS
DES
NOUVELLES FOUILLES DE SUSE

PARIS

LIBRAIRIE PAUL GEUTHNER

13, rue Jacob (VIe)

— 1921 —

INTRODUCTION

Déjà nous avons eu l'occasion d'entetrenir nos lecteurs *des principaux résultats des fouilles de Suse* (1).
Dans des précédentes études nous avons examiné les découvertes décrites dans les tomes I à IX des *Mémoires de la Délégation en Perse*, en insistant toutefois sur le Code de Hammourabi.

Depuis cette époque jusqu'à la guerre, les recherches ont continué et abouti à de nouveaux résultats. Ceux-ci ont fourni matière aux savantes études des membres de la Délégation en Perse, qui se sont effocés, soit de décrire et d'interpréter les objets, soit de traduire les textes. D'où l'apparition de six nouveaux volumes qui sont venus enrichir d'autant la collection des Mémoires de la Délégation en Perse (2).

Ces travaux ayant été publiés avant la guerre, notre étude sur *les principaux résultats des nouvelles*

---

(1) *Les principaux résultats des fouilles de Suse et leurs rapports avec la Bible, le Code de Hammourabi et la législation civile des Hébreux, Revue du Clergé Français* (1909, 1910, 1912), N⁰ˢ 346, 347, 368, 372, 413, 416.

(2) Tome X. *Textes élamites-sémitiques.* 4ᵉ *Série*, par V. SCHEIL. 1908.

fouilles de Suse vient bien tard. De fait, en 1913, le R. P. Lagrange a fait paraître dans *le Correspondant* un article *sur les Fouilles de Suse*, où sont envisagées les découvertes décrites dans les tomes X-XIV *des Mémoires de la Délégation en Perse* (1). La même an-

---

Tome XI. *Textes élamites-anzanites.* 4ᵉ *Série*, par V. SCHEIL. 1911.

Tome XII. *Recherches archéologiques.* 4ᵉ *Série.* 1911.

Étude des monuments pondéraux de Suse, par Michel SOUTZO. — *Mission de Téhéran*, par G. PÉZARD *et* G. BONDOUX. — *Constructions élamites du Tell de l'Acropole de Suse*, par R. DE MECQUENEM. — *Étude sur les Intailles susiennes*, par Maurice PÉZARD. — *Complément à l'étude sur les Intailles susiennes*, par M. PÉZARD. — *Le « Sit Samsi » de Silhac In Susinak*, par G.-E. GAUTHIER. — *Études sur le serpent, figure et symbole dans l'antiquité élamite, par* P. TOSCANNE.

Tome XIII. *Recherches archéologiques*, 5ᵉ *Série.* 1912.

Introduction, par J. DE MORGAN. — *Observations sur les couches profondes de l'Acropole à Suse*, par J. DE MORGAN. — *Étude historique et chronologique sur les vases peints de l'Acropole de Suse*, par Edmond POTTIER. — *Catalogue de la céramique peinte susienne conservée au Musée du Louvre*, par R. DE MECQUENEM.

Tome XIV. *Textes élamites-sémitiques*, 5ᵉ *Série*, par V. SCHEIL avec la collaboration de Léon LEGRAIN. 1913.

Tome XV. *Mission à Bender-Bouchir, Documents archéologiques et épigraphiques*, par Maurice PÉZARD. 1914.

(1) *Les fouilles de Suse d'après les travaux de la Délégation en Perse. Correspondant* du 10 janvier 1913, pp. 126-150. Ce même article a été reproduit augmenté d'un post-scriptum de six pages, dans un recueil de conférences ou d'articles du R. P. Lagrange paru sous le titre de *Mélanges d'histoire religieuse*, chez Gabalda, 1915, pp. 280-332. C'est à ce volume que nous reporterons nos références.

née, un des attachés de la Délégation scientifique en Perse, M. Maurice Pézard, a publié un catalogue des *Antiquités de la Susiane (Mission de Morgan) se trouvant au musée du Louvre* (1).

Malgré notre retard et nonosbtant les études antérieures, nous osons espérer que bon accueil sera fait à notre travail. Il est toujours intéressant d'entendre parler de fouilles dirigées avec une grande compétence dans un pays possédant un passé historique aussi reculé et aussi riche que la Susiane. Ensuite le point de vue de notre travail sera différent de ceux qu'ont adoptés le P. Lagrange et M. M. Pézard.

Il apparaît clairement que le savant dominicain a étudié les découvertes de Suse en vue d'élucider la question sumérienne. L'art susien, l'écriture protoélamite et la langue anzanite sont examinés en vue de résoudre le problème difficile de l'origine sémitique ou non sémitique de la civilisation susienne. Sans doute à la question capitale de son article, le P. Lagrange mêle des renseignements intéressants sur l'état des fouilles et joint, à propos des résultats obtenus, quelques-unes de ces considérations profondes, dont sa vaste intelligence est coutumière. Mais ces renseignements et ses vues ne sont donnés qu'incidemment, et nous entendons bien du reste en faire bénéficier nos lecteurs.

M. Maurice Pézard a lui-même défini d'une façon très exacte le but de son catalogue : « fournir au visiteur des salles consacrées par le Musée du Louvre aux

---

(1) Chez Ernest Leroux, Paris.

fouilles de la Délégation scientifique en Perse, un guide pratique, lui permettant, s'il n'a aucune connaissance en la matière, de s'initier rapidement à l'art des peuples antiques de l'Asie antérieure, et, s'il est déjà renseigné, d'en suivre commodément les étapes » (1). De fait, l'auteur commence par donner une introduction, où il présente successivement : un rapide historique de la Délégation en Perse, l'indication des principaux sites fouillés par celle-ci, un aperçu de l'histoire de la civilisation élamite, quelques mots sur la chronologie de l'histoire Chaldéo-élamite. Le catalogue lui-même comprend trois parties. Dans la première, M. Maurice Pézard décrit les objets, en suivant l'ordre de leur matière : pierre, asphalte, métal, terre cuite, émaillés, os et ivoire, coquille gravée ou découpée, or, argent et matières précieuses, documents de glyptique, offrandes de fondation du temple de Susinak, vases peints, moulage. Dans la seconde partie, qui a pour titre *Inscriptions élamites et chaldéennes*, l'auteur présente, d'après l'ordre d'ancienneté, les documents portant des textes, en manifestant le sens général de ceux-ci, après avoir indiqué leur date et signalé les cas de langue anzanite et d'écriture proto-élamite. La dernière partie est uniquement consacrée à la céramique. C'est l'œuvre exclusive de M. Edmond Pottier, conservateur du Département des Antiquités Orientales et de la céramique antique du Musée du Louvre. Ce maître commence son catalogue par la céramique peinte proto-élamite.

---

(1) *Les antiquités de la Susiane, avant-propos*, p. 1.

Pour le présent travail, nous nous proposons un but différent. Ne cherchant pas à présenter un catalogue complet des objets trouvés à Suse, nous ferons un choix parmi ceux-ci. Ce sont les documents intéressant l'histoire, la religion, le droit et la philologie que nous voulons présenter à nos lecteurs. Tout ce qui concerne une civilisation aussi reculée mérite, pensons-nous, une large divulgation.

CHAPITRE PREMIER

Etat des Fouilles

Des renseignements sur l'état des travaux d'exploration doivent précéder notre étude sur les principaux résultats des nouvelles fouilles de Suse.

Les campagnes de fouilles faites depuis 1904 ont permis non seulement de dégager une plus grande partie de la surface du tell de l'Acropole mais encore de mieux explorer ses couches profondes.

M. de Mecquenem nous apprend qu'à la fin de la campagne de 1909-1910, les deux premiers des cinq niveaux, suivant lesquels M. de Morgan avait divisé la hauteur du tell de l'Acropole, ont été dégagés. C'est donc à son troisième étage qu'est abaissée actuellement la surface de ce monticule (1). Ce sont les

---

(1) C. f. T. XII des *Mémoires, Constructions élamites du tell de l'Acropole de Suse*, par de MECQUENEM, p. 65.

« On sait que pour organiser avec des wagonnets l'exploi-

deux étages supérieurs qui ont livré les monuments universellement connus aujourd'hui, tels que le code de Hammourabi, l'obélisque de Maništušu, de nombreuses stèles de rois élamites. Seuls ces deux niveaux renfermaient de nombreux restes de constructions en briques cuites. Comme il est très difficile de distinguer les murs en brique crue de la terre qui les environne, les explorateurs s'attaquèrent surtout aux murs en briques cuites (1). Or « entre le Ier et le IIe

tation méthodique du tell de l'Acropole, élevé d'une trentaine de mètres au-dessus de la plaine, M. de Morgan a été conduit à le diviser horizontalement par des plans ou niveaux (numérotés en descendant : I, II, III, IV, V), distants de 5 mètres suivant la verticale, déterminant ainsi six étages. A la fin de la campagne 1909-1910, l'étage supérieur, dont la hauteur variait entre 1^m50 et 7 mètres par suite des inégalités de la surface primitive, a été complètement rasé ; de même a été déblayée la presque totalité des cinq mètres suivants ».

L'historique de l'exploitation du tell de l'Acropole a été fait par M. de Morgan au t. I, p. 55-138, et au t. VII, p. 1-8, des *Mémoires*, ainsi que dans *l'Histoire et travaux de la Délégation en Perse*, p. 49. Nous l'avons nous-même résumé d'après ces documents dans la *Revue du Clergé Français* 1909, LVIII, p. 171-177.

(1) Nous avons déjà expliqué, d'après M. de Morgan (*Mémoires*, t. VII, p. 2), le fait de la présence dans les couches supérieures du tell de matériaux appartenant aux époques les plus reculées ainsi que le fait de l'exhaussement du tell. *Rev. C. F.* 1909, LVIII, pp. 174 et 175, *note* I. Mais nous croyons devoir reproduire ici des renseignements intéressants donnés par M. de Mecquenem sur les constructions en briques crues et en briques cuites à Suse.

« Si en Susiane la pierre et le bois de construction font dé-

niveau, furent suivis des murs bien nets, qui condui-
sirent à la séparation de trois grands édifices, des ca-
nalisations et des puits ». Dans ces bâtiments, M. de
Mecquenem voit des temples consacrés à In Šušinak,
à Nin-Ḫarg-Šag et des constructions secondaires.

---

faut, l'argile plastique se rencontre partout et s'utilisait pour
bâtir à peu de frais. On l'employait généralement en mottes
ou moulée en briques crues ; ce n'est que pour l'édification
des monuments principaux que l'on employait des briques
cuites.

» Pour avoir plus de fraîcheur dans les habitations, on éle-
vait des murs très épais et assez hauts ; on les couvrait de
solives en tronc de palmiers, sur lesquels on posait des nattes
et on amoncelait de la terre pilée dont l'épaisseur, nous dit
Strabon, était de un mètre à 1 m. 50. Ce mode de couverture
ne permettait guère que des pièces longues et étroites. Le vide
intérieur de la maison était donc faible relativement au cube
des matériaux ; il en résulte que le moindre éboulement obligeait à des déblaiements considérables. La chaleur de l'été
fendillait les enduits des terrasses, crevassait les murs, et s'il
n'y avait pas réfection en temps opportun, les fortes pluies
d'automne pénétraient dans la maçonnerie et l'affouillaient
irrémédiablement. Un entretien constant était donc nécessaire et il est probable que les propriétaires d'alors ne s'en
souciaient pas davantage que ceux des villes actuelles de l'Ara-
bistan. Les habitants devaient d'ailleurs délaisser souvent
leurs demeures pour émigrer dans la montagne au moment
des trop fortes chaleurs, ou pour suivre les rois dans leurs
changements capricieux ou politiques de résidences. Il faut
enfin compter avec la négligence proverbiale des Orientaux,
peut-être aussi avec une habitude générale actuellement dans
ces contrées : les fils n'habitent pas la maison de leur père, et
construisent pour eux-mêmes, laissant s'effondrer les murs
qui les ont vu naître.

» Pour tous ces motifs les bâtiments n'étaient que de peu

Nous parlerons de ces temples, quand nous traiterons les fouilles susiennes au point de vue religieux.

Il nous faut signaler ici le très suggestif plan d'ensemble du deuxième niveau. C'est l'œuvre de M. de Mecquenem qui l'a tracé, au moyen des relevés exé-

---

de durée ; on reprenait, bien entendu, dans les décombres les objets votifs enfouis lors de leur fondation, le bois, les pierres de seuil et de foyer, les supports de grande porte et le plus possible de briques cuites. Quand la démolition était presque totale, un nouvel occupant nivelait le sol, remplissant les chambres avec les pans de murs, et reconstruisait sur la plateforme ainsi formée. L'argile du mortier et des briques crues avait perdu sa plasticité par sa dessication à l'air, et ne pouvait la reprendre que par une longue préparation ; il était plus économique d'amener des matériaux frais, moulés au voisinage des cours d'eau. On comprend dès lors l'exhaussement progressif des terrains habités.

» Les briques cuites pouvaient servir presque indéfiniment ; elles sont généralement carrées, de 0 m. 30 à 0 m. 50 de côté, avec une épaisseur de 0 m. 07 à 0 m. 10. On les moulait comme les briques crues dans des formes en bois, mélangeant à la terre sableuse de la menue paille qui empêchait le fendillement à la dessication. Chaque atelier mettait sa marque sur le lot de briques fabriquées, traits en croix ou empreintes de doigts. Elles étaient cuites dans des fours au bois et c'était là le plus onéreux de la fabrication, car les forêts voisines fournissaient seulement du saule et de l'aune, qui flambaient vite sans donner beaucoup de chaleur. Les briques cuites étaient donc des produits coûteux, réservés généralement aux monuments religieux. Beaucoup d'entre elles portaient d'ailleurs des inscriptions faites au stylet par les scribes, dédicaces de temple à tel ou tel dieu, faites par le roi ou le patési ; ce sont ces précieux documents qui ont permis au P. Scheil de constituer la suite des souverains d'Elam. Il n'a pas encore été trouvé de briques inscrites au nom d'un particulier et très

cutés de 1903 à 1908 par MM. de Morgan, G. Lampre, A. André et lui-même. « Les murs sont marqués en noir, les dallages en gris, les cotes en mètres au-des-sus du IIe niveau sont marquées en gris ». Sur ce plan se trouve indiquée la situation des principaux monuments découverts avec la désignation de la hauteur où on les rencontra. Enfin M. de Mecquenem a accompagné son ouvrage d'intéressantes explications, dont nous comptons bien faire notre profit.

Quant aux couches profondes du tell de l'Acropole, reconnues en 1891, explorées à l'aide d'une galerie en 1897, elles ne furent étudiées scientifiquement qu'en 1907-1908. Ce n'est en effet qu'à cette époque qu'elles furent explorées suffisamment.

Pendant la campagne de fouilles de 1906-1907, M. de Morgan fit examiner sommairement les couches du Ve niveau situées entre 20 et 25 mètres de profondeur. De ce fait 30 mètres de largeur sur une épaisseur de 3 mètres furent fouillés. Mais, durant la campagne suivante, le chef de la Délégation fit élargir l'ouver-

---

rarement d'inscriptions se rapportant à un monument purement civil.

» Ces matériaux étaient sans cesse repris pour de nouvelles constructions et se trouvent d'époques très diverses réunis dans un même mur.

» Il est en général très difficile de distinguer sur la coupe des terrains, par les tranchées, les murs en brique crue de la terre qui les environne. Ce n'est qu'en temps de pluie que l'on y arrive, car l'humidité pénètre mieux dans le mortier que dans la masse de la brique et le colore différemment ». *Mémoires*, tome XII, pp. 66 et 67.

ture des tranchées, afin d'obtenir au Ve niveau une surface importante. « C'est ainsi, dit ce dernier, qu'au cours de la campagne 1907-1908, nous avons été à même d'explorer 750 mètres carrés de la nécropole et 1.000 mètres carrés environ des ruines de la ville » (1). Bien plus, dans le terrain déblayé jusqu'à 25 mètres de profondeur on ouvrit une tranchée destinée à atteindre le VIe niveau.

Ces travaux d'exploration ayant permis de parvenir jusqu'au sol primitif du lieu, M. de Morgan put découvrir les débris de l'activité de ses premiers habitants et reconnaître que ceux-ci n'appartenaient pas au stade le plus reculé de la civilisation, mais bien au degré énéolithique.

Avant de commencer nos études sur les principaux résultats des nouvelles fouilles de Suse, il importe de nous acquitter d'un devoir de juste reconnaissance. Ne pouvant plus, pour raison de santé, se rendre à Suse, M. de Morgan a remis, en octobre 1912, la démission de son titre de *Délégué général de la Mission en Perse*, au ministre de l'Instruction publique. Or, au jugement des orientalistes les plus compétents, l'ancien Délégué général a conduit avec une grande maîtrise la tâche qui lui avait été confiée. Voici, par exemple, le sentiment du R. P. Lagrange : « Quoi qu'il en soit des découvertes réservées à l'avenir, le nom de M. de Morgan est désormais associé à la résurrection historique d'un grand empire. Sa compé-

---

(1) *Observations sur les couches profondes de l'Acropole à Suse*, par J. de MORGAN, T. XII des *Mémoires*, pp. 1 et 2.

tence technique pour les travaux, son sens, exercé par de lointains et fréquents voyages, des mœurs et des capacités des diverses populations, son sentiment élevé du but à poursuivre, l'heureux choix de ses collaborateurs, tout a révélé en lui le chef qui s'impose par son autorité personnelle autant que par sa situation officielle » (1). Combien ces éloges sont de tous points mérités, l'étude des nombreux volumes des *Mémoires* nous permet de l'affirmer hautement. Nous y avons lu que M. de Morgan, avec le concours de MM. X. Charmes, directeur des Missions au Ministère de l'Instruction publique, et René de Balloy, ministre de France à Téhéran, avait obtenu, pour la France, le droit de garder la totalité des objets découverts en Susiane et la moitié de ceux qu'on trouverait ailleurs ; or, remarque le P. Lagrange, aucun pays n'accorde des conditions aussi favorables. Nous y avons constaté que, parmi les divers tells de Suse, le chef de la Mission avait su discerner celui qui était susceptible de livrer les documents les plus intéressants par leur antiquité et qu'il l'avait exploité de façon à explorer à la fois les couches supérieures et les niveaux les plus bas. Enfin nous avons pu apprécier la maîtrise des collaborateurs dont M. de Morgan s'est entouré.

Parmi ces derniers, nous avons l'obligation d'exprimer notre très particulière gratitude à celui qui nous a rendu intelligibles toutes les inscriptions des objets trouvés à Suse, fussent-elles exprimées en une

---

(1) *Mélanges d'histoire religieuse*, p. 283.

langue jusqu'ici bien peu accessible ou consignées en une écriture jusqu'alors inconnue. C'est au P. Scheil que nous devons en effet de connaître les actions politiques, les sentiments religieux, les lois civiles et la vie économique des souverains chaldéens et élamites. Sans la parole, que leur a rendue notre illustre assyriologue français, il est de toute évidence que les résultats des fouilles de Suse seraient infiniment diminuées.

CHAPITRE II

Point de vue Historique

Relativement à l'histoire, les nouveaux volumes des *Mémoires* nous présentent à la fois des documents non écrits et des inscriptions.

Seules, ces dernières sont aptes à renseigner d'une façon précise sur les faits historiques. Malheureusement nous n'avons rien trouvé de bien sensationnel parmi les renseignements historiques fournis par les inscriptions des tomes X-XIV. Des indications sur la généalogie de quelques souverains, des précisions sur les conquêtes de certains monarques, un texte enfin coïncidant avec la Bible (II Rois. XIX, 37) voilà tout le bilan des précisions historiques fournies par les dernières découvertes de Suse.

Bien au contraire, les documents non écrits contenus dans les volumes XII et XIII des *Mémoires* nous instruisent grandement sur la civilisation de Suse, tant au début de la fondation de cette cité, que durant le cours des diverses périodes de son existence. Aussi débuterons-nous par l'exposé de ces résultats, préhistoriques ou historiques.

Tout d'abord l'exploration des couches les plus profondes de l'Acropole de Suse a permis de découvrir le site géographique de la ville primitive et les vestiges de l'activité de ses habitants.

M. de Morgan nous décrit ainsi le site géographique de la première cité fondée à la base du tell de l'Acropole : « Les premiers établissements de l'homme dans cette partie du tell de Suse s'étaient faits sur de petites collines d'argile jaune, hautes de 9 mètres au-dessus des eaux de surface et de 11 mètres environ au-dessus des nappes souterraines.

» Ainsi l'emplacement de Suse formait, avant son occupation, une sorte de promontoire baigné par les eaux de la Kherka dont, comme on le sait, le lit s'est déplacé vers l'ouest ; ce promontoire, formé de collines d'argile, se trouvait coupé vers le fleuve par de petites falaises semblables à celles que l'on rencontre, soit en amont, soit en aval, sur la rive orientale du Chaour et sur le bord occidental de la Kherka » (1).

Même dans ces niveaux tout à fait inférieurs, on n'a jamais trouvé le néolithique proprement dit, mais seulement la culture énéolithique. Les instruments de pierre découverts épars dans les ruines sont en effet contemporains de la culture des métaux.

---

(1) *Observations sur les couches profondes de l'Acropole à Suse, Mémoires*, t. XIII, p. 3 sq.

De cette constatation, M. de Morgan tire la conclusion que dans les temps les plus reculés, le sol de la basse Chaldée et de l'Elam était encore enseveli sous les eaux, que ce n'est que vers le Ve millénaire avant notre ère que ces deux contrées commencèrent à émerger des eaux marines. Et cette conclusion en amène une autre, à savoir que les premiers habitants du pays ne furent pas autochtones, mais bien des émigrés venus d'ailleurs.

Quel était le degré de civilisation des premiers habitants de Suse ?

D'abord, au point de vue religieux, M. de Morgan nous répond ainsi : « Ce peuple possédait déjà certains éléments des croyances que nous rencontrons plus tard dans la Chaldée et dans l'Elam. Il avait la notion de la divinité, et certainement aussi celle de la vie future, si nous en jugeons par leurs rites funéraires » (1).

En effet, au Ve niveau, on a trouvé une nécropole, située au delà de l'enceinte d'une bourgade, réduite à l'état de vestiges. Cette nécropole, M. de Morgan la décrit ainsi : « Les sépultures sont très voisines les unes des autres ; superposées et placées sans ordre, elles occupent une couche d'environ 3 mètres d'épaisseur. Les corps avaient été placés dans une position quelconque, le plus souvent allongés, sans orientation spéciale. Près de la tête se trouve le mobilier consistant en vases, armes, instruments et objets de

____

(1) *Ibid.*, p. 6.

parure. Ce mobilier est presque toujours le même, il ne varie que par le nombre de vases ornés ou non de peinture ; les tombes d'hommes renferment souvent une hache ou un instrument de cuivre, tandis que celles des femmes contiennent souvent un miroir métallique et de petits vases coniques contenant du fard. Dans presque toutes les sépultures, on rencontre des colliers de petites perles blanches, grises ou noires.

» Le nombre des vases est variable : le plus souvent on en trouve trois ou quatre, mais quelques sépultures en contiennent jusqu'à cinq.

» J'estime à deux mille environ le nombre des sépultures ouvertes ; mais il est impossible d'en tenir un compte exact par suite de l'enchevêtrement dans lequel se trouvaient parfois les squelettes. Ces tombeaux ont fourni plus de quatre mille vases, dont deux ou trois mille couverts de peinture.

» Par suite de la très longue durée de l'ensevelissement, de la porosité des argiles jaunes qui contiennent les tombes, de la haute teneur en nitrates du sol ainsi que de la grande pression exercée par les couches superposées, les squelettes sont écrasés dans presque tous les cas et les os, transformés en une matière pulvérulente, n'ont pu être recueillis, malgré tous les soins dont nous avons entouré ces restes » (1).

Quant à la civilisation matérielle, M. de Morgan déclare que celle des premiers Susiens était déjà assez développée. Cette assertion est prouvée par l'examen

____

(1) *Ibid.*, p. 7.

des objets trouvés au Ve niveau et notamment dans
la nécropole ou dans la bourgade. Quoique on ne puis-
se préciser la date, l'authenticité des ustensiles, provenant de la nécropole du moins, est indiscutable.
Or, on constate que les premiers Susiens connais-
saient l'industrie du métal. Pour leur céramique, elle
est loin de marquer une phase primitive, car elle présente la stylisation des formes naturelles. « Et, dit
M. de Morgan, cette stylisation est quelquefois si
avancée qu'il ne nous est plus possible de connaître
les formes du modèle primitif.... La poterie des couches profondes de Suse est aussi remarquable par sa
technique que par les peintures dont elle est recou-
verte ; la pâte est très fine, très bien malaxée, travail-
lée avec une telle habileté que parfois son épaisseur
de dépasse pas un millimètre. Les peintures ont été
faites avant la cuisson, à l'aide d'oxyde de fer posé
soit au pinceau, soit au qalem » (1).

Mais c'est M. Pottier, membre de l'Institut et conservateur au Musée du Louvre pour la partie céramique, qui a surtout étudié la poterie susienne. Aussi
devons-nous relater principalement son témoignage
de tout premier ordre. Or ce maître distingue deux
styles parmi les vases de Suse. Le premier est celui
de la céramique des couches les plus basses entre le
V^e et le IVe niveau, à 20 ou 25 mètres. C'est de ce
style que nous avons surtout à nous occuper, puisqu'il
est le seul à pouvoir nous renseigner sur l'état de la
civilisation des premiers habitants de Suse.

____

(1) *Ibid.*, pp. 6 et 7.

Après avoir vanté la beauté et la pureté de la pâte, la remarquable régularité des formes, la variété du décor de la céramique de ce premier style, M. Pottier s'exprime ainsi : « On peut étudier pièce par pièce toutes les séries. Partout on sera surpris de rencontrer une science si exacte et si raffinée. Aucune faute de goût, aucune trace de barbarie. Le tout est combiné avec la sûreté d'un art complètement maître de ses procédés et depuis longtemps sorti de l'enfance » (1). De plus la stylisation des motifs est arrivée à un degré très avancé : « Une des particularités les plus curieuses de la céramique susienne est assurément la stylisation des êtres vivants, animaux ou hommes..... Rarement on a vu un art aboutir à des transformations aussi radicales avec une série d'intermédiaires qui permettent de suivre les changements accomplis de la façon la plus sûre » (2).

Il est donc évident que cette poterie même du premier style ne provient pas d'un peuple primitif, mais qu'elle est le produit d'une race qui a un long passé derrière elle, qu'elle appartient sûrement au plein développement de la civilisation dans ces régions (3).

Mais si la céramique susienne des couches les plus anciennes n'est pas primitive, il faut lui assigner une date fort reculée. Cette date, M. Pottier est parvenu

---

(1) *Etude historique et chronologique sur les vases peints de l'Acropole de Suse, Mémoires*, t. XIII, p. 37.

(2) *Ibid.*, p. 37. Nous recommandons d'examiner les cornes des boucs, au Musée du Louvre.

(3) *Ibid.*, p. 38.

à la fixer d'une façon approximative. Il a remarqué en effet de grandes ressemblances et beaucoup d'accointances entre l'art de Lagash (Tello) et celui de Suse durant la seconde période. Or, on attribue généralement les objets trouvés à Lagash (Tello) « à l'époque des grands patésis de Lagash, antérieurs à Sargon I et à Naram-Sin ». En conséquence, M. Pottier donne comme date, à la poterie du Ier style, 3000 ou 2800, suivant l'opinion moderne, ou 5000, suivant l'opinion ancienne, et, à la poterie du IIe style, 2500, suivant l'opinion moderne, ou 4000, suivant l'opinion ancienne (1).

Mais citons les paroles mêmes de M. Pottier relativement à l'antiquité de la civilisation susienne. « Bien avant l'entrée en scène des conquérants sémi-

____

(1) *Ibid.*, pp. 63-66. M. Pottier expose ainsi le fait de l'admission de deux systèmes de chronologie : « Pendant longtemps, en se fondant sur une date fournie par les textes assyriens, on a fixé à 3750 exactement le règne de Naram-Sin. Il suit de là que l'époque des poteries remonterait à 4000 avant Jésus-Christ ; c'était l'évaluation admise par M. Heuzey, M. Maspero, M. de Morgan et le P. Scheil, dans leurs ouvrages. Mais aujourd'hui, d'après une théorie fondée sur l'étude de documents conservés, qui démontrerait que les annalistes assyriens ont dû faire une erreur d'environ mille ans ; beaucoup de savants ont adopté ce qu'on appelle « la chronologie réduite », qui abaisse vers 2500 la date de Sargon l'Ancien et de Naram-Sin et qui, par suite, placerait seulement vers 2800 l'époque d'Our-Nina, chef de la dynastie de Lagash. C'est l'opinion de MM. Ed. Meyer, F. Thureau-Dangin, suivie par presque toute l'école moderne des Orientalistes », p. 65. En note, M. Pottier dit que, dans leurs derniers travaux, M. de

tes venus de l'Ouest, l'Elam avait connu une très longue histoire et vu naître, puis s'étendre sur toute la Susiane et même, pour certains éléments, entrer dans une décadence relative, un art industriel qui représente assurément plusieurs siècles de fabrication prospère. Les admirables gobelets peints de Suse sont, sans aucun doute, de beaucoup antérieurs à la stèle de Naram-Sin, le plus magnifique exemple de l'art sémitique, antérieurs aussi à la stèle des vautours d'Eannadou, le plus typique produit de l'art sumérien archaïque.... Quand ces envahisseurs s'installèrent sur les faibles hauteurs de 9 à 10 mètres à peine, qui bordaient la rivière, ils étaient déjà en possession d'une civilisation raffinée » (1).

Et M. Pottier de conclure toute son étude sur la céramique susienne par les réflexions suivantes : « Les débuts de la civilisation en Asie doivent être placés très haut, probablement aussi loin qu'en Egypte, puisque nous ne possédons pas l'archaïsme qui a précédé la période déjà brillante et perfectionnée des Proto-élamites ensevelis dans la nécropole de Suse.... Nous ne pouvons pas douter maintenant que la puissance sociale des Elamites n'ait été fortement consti-

---

Morgan et le P. Scheil se rapprochent de la chronologie nouvelle. Sargon I serait daté de 2600 et Hammourabi de 2100. Ajoutons que le P. Scheil ne regarde nullement comme impossible la découverte des documents permettant de combler la lacune de mille ans. Alors on reviendrait à la chronologie ancienne.

(1) *Ibid.*, p. 66.

tuée avant l'an 3000 (chron. réduite), ce qui explique pourquoi les plus anciens textes sumériens, à l'époque des patésis de Tello, font allusion à leur existence et en parlent comme d'ennemis redoutables et héréditaires..... La haute antiquité de la civilisation élamite ne doit donc faire de doute pour personne » (1). Persuadé de l'antériorité de la céramique susienne sur celle de la Chaldée, M. Pottier ajoute : « L'art proto-élamite, qui entre en scène avec une céramique incomparable est antérieur aux plus anciens monuments sumériens qui nous aient été conservés. Il se présente comme un facteur essentiel dans l'histoire des origines de la civilisation orientale » (2).

Indiquons maintenant, d'après M. de Morgan, le genre des instruments en métal ou en pierre trouvés simultanément dans la nécropole de Suse.

On y a découvert des haches, des spatules, des ciseaux, des burins, des aiguilles et des miroirs en cuivre. Comme instruments de pierre taillée, on y a mis à jour des hachettes et des masses (3). Dans les autres parties du tell, on a trouvé : des poinçons, des burins, des faucilles (des entailles formant des dents), des pointes de flèches. Ces dernières sont certainement les objets les plus répandus et en même temps les

____

(1) *Ibid.*, p. 101.

(2) *Ibid.*, p. 103.

(3) *Observations sur les couches profondes de l'Acropole à Suse, Mémoires*, t. XIII, pp. 11-13.

plus remarquables par la perfection de leur travail (1).
Les instruments en pierre polie sont les haches, les
marteaux perforés, les haches-marteaux (fort rares
à Suse), les masses d'armes (très abondantes à Suse).
Le bitume, très abondant dans les pays susiens (on
le rencontre coulant des rochers ou sortant des sources chaudes), a joué un grand rôle dans l'outillage des
premiers habitants de ce pays. Il servait de manche,
ou bien on l'employait pour fixer les objets à leur
manche (2).

M. de Morgan constate la pauvreté de l'outillage
en pierre à Suse. Et cette remarque lui fournit un argument de plus pour l'hypothèse du stade de civilisation relativement avancé des premiers susiens.
« Cet outillage de pierre est loin d'être complet et ne
peut répondre aux besoins de la vie. On remarquera
en effet que les tranchets et les grattoirs font entièrement défaut, que les burins et les haches sont fort
rares. Il était donc forcément complété par des ins-

---

(1) « Presque toutes sont faites de silex diversement coloré.
Les unes sont en losange et taillées d'un seul côté, l'autre face
demeurant celle de l'éclat ; d'autres sont en forme d'amande
et taillées sur leurs deux faces. D'autres, plus ou moins trian-
gulaires et couvertes de retouches des deux côtés, sont d'un
travail encore plus soigné que les précédentes. Enfin les plus
remarquables et en même temps les plus abondantes sont les
pointes en forme de feuilles de saule, plus ou moins allongées.
Ces pointes, d'un travail extrêmement fin, sont généralement
dentelées, sur tout leur pourtour, sauf à la base. On n'a jamais façonné le silex avec plus de perfection, même en Egypte,
dans les premiers temps de la monarchie ». *Ibid.*, p. 17.

(2) *Ibid.*, p. 20.

truments métalliques. Cette observation vient à l'appui de l'hypothèse qu'ils appartiennent pour la plupart à la culture énéolithique et que, suivant toute probabilité, jamais le néolithique pur n'a existé en Susiane » (1).

Terminons cet aperçu sur la préhistoire de Suse par l'examen d'une dernière question. Nous avons dit que M. Pottier avait discerné deux styles dans la céramique susienne. Un pareil fait est bien de nature à favoriser l'hypothèse de l'immigration à Suse d'une nouvelle race. Cette explication, le distingué conservateur de la Céramique antique du Louvre l'a examinée, mais l'a nettement rejetée. Il a constaté, en effet, que, si, entre les poteries des deux styles, il y a assez de différences pour les classer en deux séries distinctes, il n'y a pas suffisamment de diversité pour les attribuer à deux peuples de provenances diverses. Les formes changent ; l'argile est plus grossière, moins épurée ; la couleur est moins solide et moins belle. Cependant il y a continuité entre les deux périodes c'est la même civilisation sous un aspect un peu modifié. Tout cet art décoratif, en se transformant, reste homogène. Mais il nous faut rapporter le texte même des paroles employées par M. Pottier pour caractériser ces deux périodes par rapport au progrès. « La décadence de la fabrication est manifeste, mais il est visible que cette céramique subit l'influence d'un art plus savant et plus fort, qui s'applique sans doute

---

(1) *Ibid.*, p. 21.

à d'autres industries, à celle de petits vases d'albâtre et de statuettes en pierre, à la curieuse sculpture en matière bitumineuse, à la gravure des cachets et des cylindres où l'on retrouve tous les motifs de la peinture des vases..... Dans la Susiane, on peut dire que le second style céramique représente aussi une transformation de la société ancienne, avec une décadence réelle de ce genre d'industrie, mais avec un progrès sensible dans le changement des idées, dans l'effort des artistes pour se rapprocher de la nature, pour restreindre le rôle du géométrique et pour agrandir le rôle des modèles vivants.... La stylisation à outrance des premiers âges a disparu... L'ère de la pictographie est passée, l'art véritable se développe » (1).

Pour ce qui concerne l'histoire proprement dite, les nouvelles fouilles de Suse renseignent sur Sarrukin, et sur Ba-ša-Šušinak ; elles précisent quelques points de la généalogie des princes de Suse ; elles fournissent des indications sur les campagnes de Šilhac in Šušinak ; enfin elles donnent des détails sur les assasins de Sin-ahe-riba.

Par les cylindres de Nabonide, on savait que Naram-Sin était le propre fils de Šarru-Kin (le roi est ferme, fidèle) (2). Cependant on ne possédait aucune

---

(1) *Mémoires*, t. XIII, pp. 43, 44, 48, 49.

(2) On sait que Nabonide ou Nâbu-naïd, dernier roi de Babylone, fut détrôné par Cyrus en 539. On a retrouvé plusieurs inscriptions sur des cylindres rapportant ses restaurations de temples. Dans celle qui nous occupe, ce roi dit qu'il

inscription de cet antique monarque. Or les fouilles de Suse viennent de livrer son portrait accompagné de son nom : Šarru-GI lugal, soit Šarru-Kin, roi (1).

Ces précieuses indications se trouvent sur un blóc de diorite dont nous ne possédons que les deux tiers ou la moitié. Cette partie, qui forme la base, n'a de bas-reliefs que sur sa moitié, c'est-à-dire sur 0 m. 60 environ ; « le reste, dit le P. Scheil, devait être engagé dans un socle et ainsi maintenir la lourde masse en équilibre » (2).

Les bas-reliefs occupent deux registres superposés se développant sur trois faces, la quatrième ayant été brisée. Le registre supérieur est brisé à hauteur des personnages qui y figurent, en sorte que l'interprétation des scènes est difficile. On y voit un convoi de prisonniers, puis un combat ou un massacre (3).

____

restaura à Sippar le temple de Šamaš, que fonda Naram-Sin, fils de Šarru-Kin, 3200 avant lui.

Rappelons que Ed. Meyer, Thureau-Dangin et d'autres orientalistes croient que Nabonide a fait une erreur de mille ans en trop et qu'il faut placer seulement en 2700 le règne de Naram-Sin.

(1) Une des valeurs idéographiques du signe GI est kenu, être vrai, ferme, fidèle. Šarru-Kin signifie donc : le roi est ferme, fidèle.

(2) Pour la description de ce bas-relief, nous nous servons de celle qui est donnée d'après E. Gauthier, dans *Mémoires* t. X, pp. 5-7 et de celle du *Catalogue des Antiquités de la Susiane*, où le monument figure sous le numéro 1.

(3) « Nous ne pouvons nous empêcher d'admirer le módelé des combattants du registre supérieur ; le dessin en est précis, la musculature, sobrement traitée, n'a pas cette exagération

Mais c'est sur le registre inférieur que l'on voit Šarru-Kin. « Le monarque paraît assis ; le bas du registre a été détruit par une rainure, en sorte qu'il est difficile de bien juger de sa position. Le bras droit, à demi-tendu, semble s'appuyer du coude, soit au genou, soit sur un objet qu'on ne distingue pas ; la main soutient la masse, l'autre bras pend le long du corps. Le vêtement est le châle chaldéen, dont un pan croise sur la poitrine ; le dessin en est plus fouillé que pour les autres figures. La chevelure, également maintenue par une sorte de diadème, se noue derrière la nuque en chignon. La barbe en pointe, très longue et fournie, descend jusqu'à la ceinture ; de fortes moustaches tombantes viennent s'y noyer et contribuent à donner une allure imposante au monarque asiatique » (1). Un cartouche placé devant ce personnage et donnant son nom Šarru-GI Lugal, soit *Sarru-Kin*, *roi*, l'identifie d'une façon certaine. Ce monarque est suivi d'un défilé de guerriers revêtus d'un châle, qui, serré à la taille par une ceinture, est rejeté par dessus l'épaule droite. Ces soldats « portent sur l'épaule une sorte de masse d'armes à longue tige fortement coudée ; le premier d'entre eux, placé immédiatement derrière le roi, est simplement vêtu d'un châle uni et porte devant lui une hampe dont le sommet est réu-

-----

systématique des représentations assyriennes, et la forme indique une certaine recherche d'élégance. Il semble qu'on y retrouve quelques-unes des qualités maîtresses qui signalent la stèle de Naram-Sin ». Scheil, *Mémoires*, t. X, p. 7.

(1) *Ibid.*, p. 6.

ni par des tiges à une longue lame horizontale, légèrement convexe qui est un parasol ou une enseigne » (1).

Cette découverte n'a pas eu seulement le grand
intérêt de faire connaître la représentation du monarque chaldéen le plus antique. Elle a permis de recti-
fier un point important de la généalogie des monarques chaldéens. Auparavant on était porté à attribuer à un même personnage les deux noms de Šarru-
Kin et de Šargani-šarri et à les donner indistincte-
ment au père de Naram-Sin. De fait, dans le tableau
synchronique des rois d'Elam et de Chaldée, qu'il
a présenté comme introduction au t. V des *Mémoires*,
le P. Scheil dénommait le père de Naram-Sin par le
vocable Šargani-šarri. Mais, depuis cette découverte,
le savant assyriologue voit en Šarru-Kin et en Šargani-šarri deux personnages différents (2). Le premier, il
le regarde comme le père de Naram-Sin. Le dernier,
il suggère de le considérer « comme un autre souverain d'Akkad, de la même dynastie et successeur de
Šarru-Kin et de Naram-Sin ». En effet, le P. Scheil
s'écrie : « Qui pourrait croire que la fantaisie d'un
scribe contemporain allât jusqu'à penser rendre ainsi
(par Šarru GI = Šarru-Kin) le nom de Šargani-šarri ? » Et le sentiment du docte herméneute s'est trouvé
confirmé depuis par de nouvelles découvertes (3).

---

(1). PÉZARD, *Les Antiquités de la Susiane*, pp. 29 et 30.
(2) *Mémoires*. T. X, p. 4.
(3) Voir sa communication à l'Académie des Ins. et B. L.
1911, pp. 606 et sq. Cf. Rev. d'Assyr., XI, p. 69.
La troisième face de ce monument représente des vautours

Les nouvelles fouilles ont encore mis à jour une statue représentant l'un des plus anciens souverains de l'Elam et portant sur son pourtour une inscription relative aux campagnes de ce souverain. Il s'agit de Ba-ša-Šušinak (1). La partie supérieure jusqu'au bassin manquant, l'archéologie est encore dans l'impossibilité de faire connaître les traits de la physionomie de cet antique monarque. Mais la longue inscription, qui résume les grandes campagnes de ce patési, en énumérant la longue liste des pays conquis et des villes prises et reprises par lui, renseigne sur la grandeur du rôle joué par lui dans l'antique monde chaldéo-élamite. « La hauteur totale du fragment était de 0 m. 75. Le personnage, de grandeur presque

---

dévorant les cadavres des vaincus. C'est donc une scène analogue à celle qui illustre la célèbre stèle des vautours de Telloh. Toutefois M. J.-Et. Gautier établit la comparaison suivante entre les deux bas-reliefs : « Ici la scène est plus variée, plus complète peut-être. Le sol est jonché de corps, les vautours sont au-dessus, les uns se précipitent à la curée, d'autres emportent en fuyant leur butin sanglant ; quelques-uns dans leur hâte, sans même poser à terre, plongent du bec dans les chairs, tandis qu'ils volettent encore. Et dans un angle, pour ajouter à l'horreur du spectacle, un chien accroupi se repaît à même le cadavre ». *Mémoires*, p. 6.

(1) *Mémoires*, t. XIV ; SCHEIL, pp. 7-15. — *Les Antiquités de la Susiane*, PÉZARD, N° 53, p. 61.

Cette statue fut trouvée au point de jonction des niveaux II et III. Dans le tableau synchronique présenté par le P. Scheil (*Mémoires*, t. V) Ba-ša-Šušinak figure comme le 3e patési de Suse. Il est donné comme peu postérieur à Naram-Sin et presque contemporain de Dungi.

nature, était figuré sur un siège, vêtu d'une robe à franges, portant devant un tablier retenu à la ceinture par une tresse ; du côté gauche pendait un gland ». On remarquera le curieux système de courroies ou lanières qui assujetissait les sandales aux pieds. « Le talon, le coup de pied et le gros orteil étaient fortement bridés » (1). On s'accorde à reconnaître le caractère négligé de la facture de la statue. Cette constatation doit moins faire regretter la perte de la tête.

L'inscription est dédiée au dieu Šušinak. Elle a pour but de raconter l'expédition de Ba-ša Šušinak contre les populations révoltées de Kimaš et de Hurtim (2). Il les soumet bientôt, s'empare d'un grand nombre de villes dont la plupart nous sont inconnues. De fait, le P. Scheil dit que les noms de celles-ci trahissent une langue qui n'est pas sémitique et dont il est même douteux qu'elle soit proprement anzanite (3). Le texte se termine par l'indication de la venue du roi de Simašgi pour baiser les pieds du vainqueur. Désormais, on devra tenir compte de cette inscription pour l'histoire de Ba-ša-Šušinak.

---

(1) *Mémoires*, t. XIV, Scheil, p. 7.

(2) D'après le P. Scheil, « le théâtre de ces guerres doit se trouver à l'est et au nord de la Susiane, nullement dans le Sud.... Kimas et Hurti sont des régions montagneuses qu'on cherchera sans trop de chance d'erreur au nord-ouest de Suse, chez les Kassi, Guti, Namri ». *Ibid.*, pp. 9 et 14.

Le P. Scheil fait remarquer que Kimas et Hurti étaient déjà signalés dans les textes de Dungi, qui fit une expédition dans ces pays et les ravagea. Gudéa a extrait du cuivre de Kimas.

(3) *Ibid.*, p. 14.

Une empreinte de cachet et la date d'un texte, où il est question de rendements de divers champs ont permis au P. Scheil de découvrir un nouveau patési de Suse, Enammuné. Et l'historien de l'Elam place ce nouvel apparu à l'époque de Maništusu et de Naram-Sin (1).

Un renseignement sur la généalogie des premiers patésis de Suse nous est fourni par l'inscription d'une brique de fondation d'un temple. C'est que Mekubi, fille de Gillama, patési d'Ašnunnak, était l'épouse de Kal Rub>uratir, patési de Suse, et qu'elle était par conséquent mère du fils et du successeur de ce dernier, d'Idadu II. Voici du reste la traduction que donne le P. Scheil de cette inscription :

« A la déesse Innina, dame d'Uru anna, sa dame, Mekubi, fille de Gillama, patési d'Ašnunnak, épouse chérie de Kal Rub>uratir,
pour le salut de sa vie, le temple de Innina a construit » (2).

Pour conclure de ce texte que Mekubi était la mère de Idadu II, le P. Scheil suppose évidemment l'usage de la monogamie en Elam. Cette inscription peut aussi être invoquée comme preuve du pouvoir de la femme à Suse.

« Nous l'avons dit souvent, écrit le P. Scheil, Sutruk Nabhunte (vers 1116) était un conquérant ; c'est lui qui enrichit Suse des dépouilles des temples babyloniens. Et pourtant nous ne trouvons pas un seul

____

(1) *Mémoires*, t. XIV, p. 6.
(2) *Ibid.*, pp. 24 et 25.

récit de ses campagnes. Il semble, s'il en existait quelques-uns, qu'ils aient été réduits en mille morceaux, intentionnellement, par les Assyriens. Seraient-elles de ce nombre les bribes que nous faisons suivre, importantes par ce qu'elles laissent deviner, plus que par ce qu'elles nous apprennent directement ? » Puis le savant traducteur de l'anzanite résume ainsi la teneur de ces textes morcelés : « Le fragment A parle d'une mobilisation de l'armée, du passage de l'Ulaï, d'une ville Eli probablement assiégée et prise, du repassage de l'Ulaï, et enfin d'un butin consacré en souvenir à Adad..... Le fragment B résume, semble-t-il, les campagnes royales : « ...... jusqu'à Mara j'ai exercé. Moi Sutruk Naḫḫunte, le dieu In Šušinak m'aidant, 700 villes je pris jusqu'à Mara, 600 villes je pris jusqu'à....., plus de 400 villes je pris jusqu'à......... » (1).

Les découvertes ont encore mis au jour une grande stèle avec inscription de Silḫac In Šušinak (vers 1050).

Grâce à la traduction donnée par le P. Scheil de ce document anzanite, on peut constater qu'il est intéressant au double point de vue historique et religieux (2). En calcaire gris, cette stèle, qui mesure plus de deux mètres en hauteur et plus d'un mètre

---

(1) *Mémoires*, t. *XI*, *Textes élamites-anzanites*, 4ᵉ *Série*, pp. 17-20. Le P. Scheil remarque qu'une ville de Maruš est connue en Médie

(2) *Ibid.*, pp. 21-57. Le P. Scheil donne la transcription, le commentaire et la traduction de cette stèle. — PÉZARD, *Les Antiquités de la Susiane*, Nᵒˢ 474, p. 211.

en largeur, porte des inscriptions à la fois sur sa face et sur son revers. Ces textes sont répartis en deux colonnes. Celles de la face ont respectivement 107 et 102 lignes, tandis que celles du revers en possèdent 102 et 58. L'inscription n'est pas dans un parfait état de conservation ; le revers, dans sa seconde colonne notamment, est bien mutilé.

D'après sa teneur, cette longue inscription est divisée par son savant traducteur et commentateur en trois parties. La première (*Face, Col. I — Col. II* 9) a un caractère presque exclusivement religieux : après les invocations à un groupe de divinités hatamtéennes, la titulature royale, la mention de toute la famille royale et la dédicace des stèles (1-33), elle rapporte sept invocations et sept prières du roi. En conséquence, nous étudierons cette section quand nous traiterons du point de vue religieux des fouilles de Suse. La seconde partie (*Face Col. II* 10 — *Rev. Col. I* 102) débute par une prière à In Šušinak et relate quatorze listes de villes conquises. Chacune de ces listes débute par l'invocation :

« O In Susinak, seigneur de N..., écoute moi ! Moi, Silhac in Susinak, humblement je t'ai invoqué, ma prière tu as exaucée, mon désir tu as accompli ! »

La troisième partie (*Rev. Col.* II) contient des invocations à In Susinak, des mentions d'œuvres royales et des adjurations aux princes futurs.

De ces trois parties, la seconde seule, qui contient des listes de villes conquises, est intéressante au point de vue historique. Effectivement le P. Scheil s'exprime ainsi : « Les documents anzanites ne nous avaient appris, jusqu'à ce jour, sur l'Histoire et la Géographie de l'Elam et des pays voisins que peu de chose, si on compare la riche substance que contiennent à cet égard les documents assyriens. On considérera comme une bonne fortune de rencontrer enfin, sur la grande stèle de Silhac in Susinak, quelques listes des noms de villes dévastées et enlevées à l'ennemi ; encore que le vainqueur ait eu moins le souci de s'en glorifier devant la postérité, que d'en tirer un sujet d'action de grâces aux dieux » (1).

La stèle mentionne 152 de ces villes. Mais beaucoup de leurs noms sont incomplets. Les vocables des localités étant sémitiques, construits pour la plupart avec *Bit sa* (Maison de), on en conclut que les conquêtes de Silhac in Susinak eurent lieu dans le monde sémitique. On n'a pu identifier que peu de noms. Mais les identifications faites par le P. Scheil ont démontré que les conquêtes du monarque élamite doivent être placées dans la région du Zab inférieur (près d'Assur), dans celle du Zagros, arrosé par le Turnad, le Radanu et le Tigre (frontière nord-ouest de l'empire élamite), parmi les peuplades araméennes, aux environs du Bagdad actuel. Le P. Scheil a identifié *Uqar Sillam* avec *Aqar Sallu* des Assyriens, localité qu'il place auprès du Zab inférieur (2). Sur

---

(1) *Mémoires*, t. XI, p. 41.

(2) *Ibid.*, p. 44. Le R. P. note que le nom de *Aqar Sallu* signifie : « le dieu Salli est cher », car Salli est un dieu comme Nabu.

la notoriété d'Aqar Sallu, le savant assyriologue s'exprime ainsi : « La région semi-araméenne très fertile, arrosée par les eaux du Daban, du Turnad, du Radanu et du Zab inférieur, tentait fort le goût pillard des rois élamites comme celui des rois assyriens. Adadnirari défit Nazimaraddas (1376-1301) à Aqar Sali.... La même région est dévastée par Aššurdaian guerroyant contre Zamama-šam-iddin (1181) et l'histoire synchronique II 9-12 nomme à cette occasion les villes de Zaban, Irria et Aqar Sallu. C'est peu après que les incursions de nos élamites eurent lieu. Plus tard c'est Téglatphalasar (1115-1100) qui défait Marduknadin-ahe dans ces parages et jusque chez les Lubdi » (1).

Dans la 7e liste de villes conquises, nous trouvons Arrapha et Nuza. Sur ces deux villes, le P. Scheil donne des renseignements. « Arrapha est bien connu, encore que le site précis reste à découvrir » (2). De fait, le R. P. cite plusieurs références mentionnant cette ville et notamment le prisme de Senachérib II 3. Il propose d'identifier son site avec celui de Kifri-Salakhié. Quant à Nuzza, il suggère d'y voir la ville de Kerkouk moderne. Les localités mentionnées dans cette liste se trouveraient donc au Sud du Zab. Les villes des 10e et 11e listes montrent que c'était « du Zagros que le roi élamite se jetait sur les riches plaines occidentales et méridionales arrosées par le Turnad,

---

(1) *Ibid.*, p. 44.
(2) *Ibid.*, p. 45.

le Radanu et le Tigre. Par ce chemin, Šutruk Naḫḫun-te gagnait Sippar » (1).

A propos des 20 villes de la 12e liste, le P. Scheil dit : « Le caractère franchement sémitique d'une douzaine au moins de ces villes nous sollicite à les localiser aussi sur la frontière babylonienne. La mention de Sallat et de Kišu ne laisse guère de doute que nous ne nous trouvions un peu au nord du Bagdad actuel, à l'est du Tigre, quoiqu'il en soit de Puhutu (Pugudu) et de (Pit) Rapiku, tribus araméennes, dont l'habitat a été très inconstant et dont les noms ont pu se reproduire en des lieux divers » (2).

Nous aurons terminé notre exposé des résultats historiques des fouilles de Suse, quand nous aurons parlé de trois fragments de prismes (3). Tous trois sont inscrits en assyrien et de forme pentagonale. A divers indices (4), le P. Scheil a reconnu que tous trois encore devaient dater de l'époque d'Assaradon (681-668). Il est probable enfin que sur ces trois fragments deux devaient faire partie du même prisme (5).

---

(1) *Ibid.*, p. 47.

(2) *Ibid.*, p. 48.

(3) *Mémoires*, t. XIV, pp. 36-45, SCHEIL.

(4) Notamment : possibilité de compléter avec le prisme d'Assaradon une forte lacune, identité de l'ordre des dieux invoqués, mention d'une même construction.

(5) Deux fragments en effet semblent appartenir à un prisme de 0 m. 07 de côté et de 0 m. 13 de diamètre, tandis que le troisième a dû faire partie d'un prisme mesurant 0 m. 085 de côté.

D'où l'adoption d'un double signe indicateur, S et SS, pour désigner ces nouveaux documents.

« Qui expliquera la présence à Suse de tels objets ? demande le P. Scheil. Ainsi que de nos jours les écrits avaient leur destin. Les scribes élamites fortement imbus de culture sémitique (insensé qui le nierait !) possédaient-ils des bibliothèques ? Assurbanipal, comme plus tard les conquérants grecs, se fit-il accompagner d'historiographes, qui non seulement notaient au jour le jour les événements, mais encore, durant un séjour prolongé en pays étranger, se plaisaient, pour l'édification des scribes indigènes, à rééditer les récits des campagnes antérieures ? Peut-être aussi que de roi à roi, en temps de paix, existait la pratique d'échanger des hommages littéraires ! Aššurnadinsum, frère aîné d'Assaradon, captif en Elam depuis 694, aurait certes pris plaisir à posséder et à connaître les annales assyriennes et les chroniques du temps ».

« Quoi qu'il en soit, continue le P. Scheil, voici Suse qui apporte une contribution directe à l'histoire de l'Assyrie, comme elle a fait tant de fois pour l'Histoire de la Babylonie » (1).

A la vérité, la contribution apportée par les fragments du premier prisme S n'est pas grande. Ils ne font que confirmer ce que l'on savait par ailleurs. Il en va de même de la plus grande partie de ce prisme postérieurement retrouvée. Au contraire, le fragment SS semble justifier la Bible (*II Rois, XIX*, 36-37 *et Isaïe,*

____

(1) *Mémoires*, t. XIV, p. 36.

XXXVII, 37-38) contre la chronique babylonienne et Bérose sur le fait de la pluralité des meurtriers de Sénachérib. (Cf. autre partie du prisme S ci-dessus mentionnée) (1). Cette particularité est ainsi relatée dans la Bible : « Il arriva, tandis qu'il (Sénachérib) adorait, dans le temple, Niserok (2), son dieu, 'Adramélek et Sar' eser le frappèrent du glaive et eux s'enfuirent dans le pays d''Ararat et 'Esar-ḥaddon, son fils, régna à sa place ». Ce texte emprunté à *II Rois*, XIX, 36-37, est identique à celui d'*Isaïe*, XXXVII, 37-38, sauf, dans ce dernier, l'apposition « ses fils » aux noms des assassins. Suivant la Bible, Sénachérib serait donc tombé sous les coups de deux parricides. La mort de ce roi est encore racontée par la Chronique babylonienne de Pinches (Col. III, 34-36), par Bérose (fragm. 12) et par un texte de Nabonide publié par le P. Scheil en 1895. Or ces trois documents n'attribuent l'assassinat du monarque qu'à un seul de ses fils (3). Maspero, qui connaissait cette divergence, donnait déjà raison à la Bible : « Le récit bibli-

----

(1) Postérieurement la plus grande partie de ce texte a été découverte à Ninive et publiée par le P. Scheil, *Biblioth. de l'Ecole des Hautes Etudes*, nº 208 (1914).

(2) Le nom de ce dieu fait défaut dans le panthéon assyrien. La divinité, connue par les documents assyriens, dont Niserok se rapproche le plus est Nusku. Tel est le nom donné au feu sacré considéré comme le sublime messager du dieu Bel et comme dieu-juge. Cf. DHORME, *Religion assyrienne*, pp. 51 et 52.

(3) La Chronique babylonienne s'exprime ainsi sur ce fait : « Le vingt du mois de Tébet fut tué Sin-ahé-erba, roi d'As-

que est le seul qui mentionne les deux meurtriers ; la Chronique et Bérose ne parlent que d'un seul, et c'est leur témoignage qui tend à l'emporter chez plusieurs historiens (Hommel, Winckler). Je crois que le silence de la Chronique et de Bérose s'explique par le fait que Sharézer était le chef de la conjuration et celui des fils qui aspirait à la royauté : le second meurtrier ne travaillait que pour son frère, et, par conséquent, n'avait pas plus le droit d'être nommé que les complices de sang non royal qui participèrent au meurtre » (1).

Or, le fragment SS semble, ainsi que Maspero, donner raison à la Bible. Voici, en effet, la traduction de ce texte donnée par le P. Scheil :

I..

ils se révoltèrent..

pour usurper la royauté, pendant qu'ils tuent (Senachérib). Aššur, Sin, Šamaš, Marduk, Nabu, Istar de Ninive,

---

syrie, par son fils, dans une révolte. (Vingt trois) ans, Sin-aḫé-erba, en Assyrie, avait régné. Et depuis le 20 du mois de Tébet jusqu'au 2 du mois d'Adar la révolte en Assyrie domina.

» Le 18 du mois de Sivan, Aššur-aḫ-iddina, son fils, sur le trône d'Assyrie s'assit ». Col. III, 34-38. Cette traduction d'*Oppert* est donnée, d'après *Vigouroux, La Bible et les Découvertes Modernes*, IV, *Appendice I*, p. 616.

En 1895, le P. Scheil publia une inscription de Nabonide qui elle aussi n'indique qu'un seul meurtrier : *maru sit libbisu ina hakki urassipsu* = le fils sorti de son cœur le frappa avec des armes. (*Recueil de travaux relatifs à la Philologie et à l'Archéologie égyptiennes et assyriennes*, t. XVIII, 15-29, Col. I, 39-41).

(1) MASPERO, *Histoire ancienne des peuples de l'Orient classique, Les Empires*, p. 346, n. 3.

5. Istar d'Arbéles, (cette) œuvre d'hommes misérables, qui contre le gré des dieux avait été perpétrée,

Ils la virent d'un mauvais œil, et ils ne se tinrent pas à leurs côtés, leurs forces (armées), ils réduisirent en poussière, et ils les firent plier sous moi !

10. Quant aux gens d'Assur, qui, fidèles par le serment des grands dieux....... à mon droit successoral, par l'eau et l'huile avaient juré (et néanmoins) avaient marché comme auxiliaires,

(Moi Assar) addon qui par la grâce des grands dieux....
.... auquel on ne résiste pas ....

A la vérité, ce texte ne donne point les noms des parricides. Mais il résulte que ceux-ci étaient au moins deux du nombre pluriel des verbes et des suffixes (ina' ru, ils tuent ; hamma' e, hommes misérables ; idašun, à leurs côtés ; emuqašuun, leurs forces ; šunuti, eux). De plus, il s'agit des chefs de la conspiration, car, comme le dit le P. Scheil, « les expressions *ils défirent leurs armées, ils marchèrent à leur côtés* ne s'emploient pas des partisans en général, mais des chefs seuls de la conspiration » (1).

Puis le P. Scheil propose l'explication suivante pour la conciliation des textes ne présentant qu'un seul meurtrier et de ceux qui en mentionnent deux : « Il y eut deux fils de Sénachérib qui conspirèrent ; mais il suffit matériellement d'un seul pour assassiner le vieux roi » (2).

---

(1) *Mémoires de la Délégation en Perse*, t. XIV, p. 42.
(2) *Ibid.*

CHAPITRE III

—

Point de vue religieux

Pour nous renseigner sur la religion des Susiens, les fouilles pratiquées dans leur capitale nous apportent des textes et des vestiges de monuments.

Les inscriptions religieuses, publiées dans les tomes X à XIV des *Mémoires*, nous relatent soit des prières, soit des donations et des victimes, soit des formules concernant plus ou moins la divination, comme l'incantation, la magie et les présages.

Avant d'aborder l'étude successive de ces trois groupes de textes, il nous faut dire un mot des divinités les plus honorées à Suse.

A l'instar de la plupart des peuples de l'antiquité, les Susiens avaient une divinité nationale, c'était Nin (resp. In) Sušinak ou Sušnak (1). Comme on le voit, ce

______

(1) Susinak et Susnak sont des variantes courantes, signifiant également le Susien.

nom est formé avec le nom même de la ville de Suse et Nin (resp. In) seigneur, si bien qu'on peut le traduire « le Seigneur Susien ou de Suse ». Dans les nombreux textes qui nous sont parvenus, nous constatons que c'est cette divinité sur laquelle se concentrait presque entièrement la piété des Élamites. Ayant l'esprit et le cœur remplis par la pensée et par l'amour d'In Sušinak, c'est à lui surtout que les dévots de Suse adressaient leurs prières, leurs dons et leurs sacrifices. Avec quelle confiance ce dieu était-il prié et avec quelle générosité était-il gratifié, les textes vont nous le montrer bientôt. Certainement Marduk n'a pas été plus honoré à Babylone, ni Šamaš à Sippar, ni Sin à Ur, ni Ištar à Erech que In Sušinak à Suse. Nous sommes donc bien en présence du dieu national de la Susiane.

Si cette vérité résulte incontestablement des textes élamites, ceux-ci malheureusement ne nous fournissent guère d'autres renseignements sur la grande divinité de Suse. Presque sûrement son vocable « In Susinak = le seigneur Susien » n'étant qu'un surnom tiré du pays où elle était honorée d'un culte national, quel est son vrai et authentique nom d'essence ? Puisque les découvertes ont montré tant d'affinités pour les arts, l'écriture, la langue, la civilisation et la religion entre Suse et la Chaldée, n'est-il pas très légitime de prétendre que le vrai nom d'In Sušinak équivalait à celui d'une divinité du panthéon chaldéen ? N'allons-nous pas dire à l'instant que très probablement le nom anzanite Nahhunte correspond au nom assyro-chaldéen Šamaš ?

Nous sommes obligés d'avouer que, jusqu'à présent, les textes élamites, sémitiques ou anzanites, ne permettent pas de donner une réponse claire à ces questions. Nous serions donc réduits au silence le plus absolu, si la sagacité du P. Scheil ne nous suggérait une indication fort sérieuse (1). Le docte assyriologue a, en effet, remarqué que les dieux In Šušinak, Tišhu et Adad ša ramkuti avaient un idéogramme commun (2). Or, en déchiffrant un présage anzanite, il a démontré que le mot tišhu signifiait, en anzanite, « inondation » et que, par conséquent, la traduction du vocable du dieu Tišhu est l'*Inondateur* (3). De même le verbe assyrien *ramaku* a la signification de *répandre (la pluie), inonder*. *Adad* ša ramkuti équivaut

---

(1) C'est à titre privé que le R. P. a bien voulu nous exposer les vues que nous expliquons ici.

(2) A la différence de ce qui a lieu en anzanite, le nom d'In-Šušinak, en sémitique, est exprimé ordinairement par un idéogramme. Ainsi le P. Scheil mentionne une tablette du temps d'Adad Pakšu (vers 2225), comme le premier document sémitique où ce nom est écrit syllabiquement.

L'idéogramme désignant le dieu Šušinak, qui, sauf la différence des déterminatifs, est identique à celui de la ville de Suse, se compose de trois signes réunis. C'est le premier de ces signes (*Delitzsch*, n° 75, *Barton*, n° 115) ayant la valeur phonétique šuh, qui, idéographiquement signifie à la fois : le dieu Susinak, le dieu Tishu et répandre, inonder (*Barton*, n° 115) = ramaku.

(3) *Déchiffrement d'un document anzanite relatif aux présages. Rev. Assyr*, XIV-I, pp. 46-47. « Tišhu est un Šušinak Pluvius ou peut-être Adad lui-même ».

donc à Adad inondateur (1). D'après ces indications, Šušinak serait donc essentiellement un dieu inondateur et il équivaudrait au dieu anzanite, Tišḫu et au dieu assyro-chaldéen, Adad. Si l'on pense à l'importance de la pluie dans les régions brûlées par le soleil, on ne s'étonnera pas que les Susiens aient choisi, pour leur divinité nationale, le dieu maître de la pluie et par suite de l'inondation. Sans doute un tel choix suppose un idéal assez matériel ; mais des conceptions plus spirituelles ne sont supposées par aucune

---

(1) A la vérité, d'après le P. Scheil et Barton (115), c'est surtout à Ninib que les textes appliquent l'attribut d'inondateur (ša ramkuti). Mais, d'après la théologie assyro-babylonienne, Adad bien plus que Ninib, est le dieu de la pluie et de l'inondation. Dans son excellent ouvrage, *la Religion assyro-babylonienne*, le P. Dhorme nous dit en effet que Ninib est, par excellence et dès les origines, le dieu de la guerre, le champion d'Enlil, le seigneur de l'arme, le dieu de la chasse, et que c'est par son assimilation avec le dieu Ouras, dont l'idéogramme IB interchangeait parfois avec Ninib, et sous son nom de Nin-gir-su, que Ninib devint « le seigneur de la plantation » ou encore « le dieu des champs et des canaux qui donne la fertilité », pp. 90-93. Adad était à la fois le dieu de la foudre, du bon vent et de la pluie. « La pluie ce bienfait extraordinaire du ciel était amenée par le vent, et Adad était le dieu de la pluie, comme il était le dieu de l'inondation qui répandait sur les plaines de la Chaldée ce gras limon dont se nourrissaient les plantes et les arbres », p. 50.

Quoi qu'il en soit de l'expression « ša ramkûti », les textes attribuent les bienfaits de l'inondation et de la pluie bien plutôt à Adad qu'à Ninib. Aussi le P. Scheil de dire : Tišḫu est un Susinak Pluvius, peut-être Adad lui-même. *R. A.*, XIV, p. 47.

des religions de l'antiquité, hormis celle du peuple de Dieu.

Dans une mesure incomparablement moindre, une autre divinité, portant un nom étranger au panthéon chaldéen, recevait les hommages des Susiens. Il s'agit de Nahhunte, qui, d'après un syllabaire, a été identifié avec Šamaš, le dieu soleil, qui avant tout, était le dieu de la justice, le juge des cieux et de la terre (1).

Sur la seule stèle de Silḫac In Šušinak nous trouvons des invocations au dieu Kuqqa-assitri et à la déesse Kiririsa. Selon le P. Scheil, Kuqqa-assitri signifie, en anzanite : « le maître très grand ». De fait, cette divinité est placée en tête de la nomenclature des dieux. Mais le P. Scheil remarque que « ainsi désigné appellativement, son nom d'essence, son nom incommaniable nous reste caché », et il propose de l'identifier avec le dieu Gal « le Grand » (2). Quant à la déesse Kiririsa elle est qualifiée de « grand dame » et de « mère des dieux ». Le P. Scheil constate qu'au début de la stèle de Silḫac In Šušinak et dans un autre texte cette déesse forme avec Kuqqa-assitri et In Susinak un groupe trine. Mais, comme nous l'avons dit, le R. P. n'est pas encore en mesure de se prononcer sur les rapports de parenté entre ces dieux.

Outre ces divinités indigènes, les Susiens ne faisaient pas difficulté d'adresser parfois leurs invocations à des dieux étrangers. Parmi ceux-ci, c'était surtout les dieux chaldéens qui recueillaient leurs

------

(1) *Mémoires*, t. XI, p. 26.
(2) *Ibid.*, p. 25.

suffrages. C'est ainsi que dans les textes religieux nous relevons les noms de Nannar (Sin), Ninni, Nergal, Gal, Samaš (Nahhunte), Enlil, Adad-Ramman, (Immomiriya), Nin-har-sag...... (1) Mais les souverains de Suse ont prié encore des divinités de pays qui leur étaient, à l'origine, aussi étrangers que la Chaldée. Par exemple, au début de sa stèle, Silhac In Susinak, invoque à la fois les dieux de Suse et ceux d'Hatamti (2).

En fait de prière, le texte le plus intéressant nous est offert par la stèle de Silhac In Šušinak (vers 1 050), dont nous avons déjà fait ressortir la valeur historique (3). La première partie de ce document (Face Col. I — Col. II 9) est en effet une série d'invocations et de prières adressées par le roi à son dieu national et favori, In Šušinak. Le savant traducteur de ce document anzanite, l'a distribué en une série de paragraphes, qui nous permettront d'en faire aisément l'analyse.

---

(1) La plupart de ces divinités chaldéennes sont mentionnées sur la stèle de Silhac In Susinak, dans la série d'invocations, qui lui sert de prologue. Quant à Nin-har-sag (la dame de la montagne), qui était la déesse parédre de Bel, on suppose qu'un des deux temples, dont on a retrouvé les vestiges, lui était consacré. (Cf. Infra).

(2) Ce pays était situé à l'est de l'Elam (Cf. *Atlas Guthe*, 5). Ces dieux sont aussi mentionnés au début de la même stèle. Signalons les dieux, Silir et Simut. A la fin de ces invocations, sont récapitulés tous les dieux hatamtéens, et tous les dieux susiens.

(3) Cf. supra, pp. 26-31.

Tout d'abord le début de la partie religieuse de cette stèle est une série d'invocations aux dieux de Suse et du pays de Ḥatamti (Col. I, 1-13). Dans cette liste, nous remarquons que In Šušinak figure au second rang avec un titre, que le P. Scheil croit pouvoir traduire, d'une façon plausible, par « le maître des dieux ». La divinité placée avant In Šušinak est, selon le P. Scheil, Kuqqa assitri, c'est-à-dire « le maître très grand ». Cette appellation, nous l'avons dit, dissimule le nom d'essence du dieu ainsi désigné. Le second paragraphe (Col. I, 14-33) fait encore partie de l'introduction, car il contient la titulature royale, la mention de toute la famille royale et la dédicace des stèles. Le P. Scheil expose en ces termes le sens général de cette dernière section : « Pour le salut de moi, de ma femme, de nos enfants, famille, maison, parenté, je fis des stèles, les pris, les transportai à Suse, en fis hommage (aux dieux) et dans le temple de In Šušinak je les plaçai » (1).

Puis viennent les prières proprement dites, dont nous citerons les plus caractéristiques de la piété de Šilhac In Šušinak (Col. I, 34 — Col. II, 9).

Et d'abord le monarque débute par une invocation ardente et instante à son dieu national :

« O dieu In Šušnak, seigneur..... toi écoute-moi ! Moi, Šilhac In Šušnak, humblement je t'invoquai ! ma prière exauce ! mon vœu accompli ! » (2).

---

(1) T. XI des *Mémoires*, SCHEIL, p. 28.

(2) *Ibid*. C'est toujours la traduction du P. Scheil que nous citons.

Parmi les vœux adressés par le monarque à sa divinité, nous relevons celui-ci qui concerne son propre salut, celui de son épouse et celui de sa famille.

> Moi et Nahhunte utu, notre maison
> Contre le malheur sauve soit rendue !
> Que tu manifestes mon nom (au) peuple !
> Que tu protèges Nahhunte utu (et) sa (ses) fille (s) dans le pays !
> La famille fondée par moi et Nahhunte utu que les méchants n'oppriment ! (Face, I, 60-65.)

Mais Šilhac in Šušinak fait parfois à son dieu protecteur des demandes ayant une portée plus générale. Tout en n'oubliant pas de prier en premier lieu pour lui et son épouse, il implore In Šušinak en faveur de ses sujets. De fait, dans la prière suivante (Face, I, 72-83), dont le P. Scheil nous livre le sens vague, nous constatons des supplications pour la récompense des bons et le châtiment des méchants, pour la tranquillité de tous et pour l'union des familles.

> Moi et Nahhunte utu, que nous soyons prospères !
> Ciel, terre, protection me soit accordée !
> Chefs et nobles obéissants soient rendus !
> . . . .
>
> ***
>
> Une progéniture soit procréée
> Que sa mère, (le dieu) veille (sur elle) !
>
> ***
>
> Le bienfaiteur pour l'amour de nous, soit récompensé
> Le malfaiteur pour l'amour de nous, soit puni !

*_**

Que la mère ne connaisse pas d'enfant mauvais !
Que l'enfant ne connaisse pas de mère mauvaise !

*_**

Que le méchant s'enfuie !
A l'étranger qu'il demeure !

*_**

A la fois qu'il anéantisse le pervers,
Et veille sur l'homme de bien (?) !

Evidemment une telle prière ne dénote pas chez son auteur une piété très mystique. Non seulement celui-ci se borne à demander des faveurs temporelles, mais il ne s'oublie pas, lui et les siens, en se mettant au premier rang des solliciteurs. Silhac In Šušinak a de plus une grande confiance en son crédit et en celui de son épouse auprès de son dieu national ; c'est en effet, pour l'amour du roi et de la reine, que celui-ci est supplié d'exaucer les requêtes. Enfin le monarque susien fait preuve d'un peu d'égoïsme et d'un certain manque de charité, lorsqu'il demande que le méchant s'enfuie et demeure à l'étranger. Cependant, à côté de ces lacunes, cette supplication ne manque pas d'une certaine beauté. Silhac In Šušinak nous y manifeste en effet qu'il avait une haute idée de son dieu et que lui-même avait un noble cœur. Si In Šušinak possédait en propre la puissance, il partageait avec son royal favori la justice, la bonté, la sollicitude pour l'union et la prospérité des familles, et l'amour de la paix.

La deuxième partie de la stèle ne contient guère que des listes de villes conquises (Col. II, 10. — Rev. Col. I, 102). Chacune de ces listes débute par cette pieuse, confiante et reconnaissante invocation : « O In Sušnak, seigneur de N...., toi, écoute-moi ! Moi Silhac In Sušnak, humblement je t'ai invoqué, ma prière tu as exaucée, mon désir tu as accompli ! » Au contraire, chacune de ces mêmes listes se trouve close par ce refrain qui ne révèle pas des mœurs guerrières bien douces tant chez le dieu que chez le souverain de Suse :

> « Le fleuve, tu as franchi, ô In Sušnak !
> . . . .
> » Tu détruisis, tu dévastas, à moi tu livras !
> » Les ennemis on détruisit
> » Les adversaires on empala !
> » Ils furent détruits, ruinés, comme captifs (?), liés ! »

Dans la dernière partie ou conclusion de son inscription (Rev. Col. II, à fin), Silhac In Šušinak nous dit que c'est à son seigneur In Šušinak qu'il érigea cette stèle de pierre, et qu'il voua à des dieux, dont les noms sont effacés, des images de lui-même, de sa chère femme et de sa famille.

Une inscription du roi d'Anzan, Untaš-Gal (vers 1500), sous une forme relativement concise, nous relate des faits et des ordres, qui nous permettent de saisir sur le vif et dans toute son ampleur le dogme principal de la théologie politique des Sémites et des Anzanites. Il s'agit de la protection du dieu national. De ce précieux document le P. Scheil donne la traduction suivante :

1-4 (Moi) Untaš Gal, fils de Hubannumena, roi d'Anzan, le dieu Immiriya, la sauvegarde de Kaštilyas (1), je pris de force, et dans Syan Kuk je le plaçai.

5-8 Celui qui l'enlèverait et en pays étranger porterait, le châtiment des dieux Gal, Šušinak, Kiririša, de Siyan Kuk, sur lui soit !

9-11 Quant à un roi d'Elam, s'il veut déplacer l'objet, qu'il le déplace et que dans le lieu de son gré, il le mette (2).

Tout d'abord, la ferme croyance à la protection du roi et de son peuple par le dieu national est nettement affirmée : « le dieu Immiriya (3), la sauvegarde (šulmi) de Kaštiliyas » (4). Mais on pensait que la divinité ne pouvait exercer sa puissance protectrice qu'autant qu'elle demeurait sur le territoire du peu-

---

(1) Au t. X des *Mémoires*, daté de 1908, le nom de ce roi était lu *Bitilyas*. Mais le signe *bi* a aussi les valeurs Kaš, Gaš. Or, dit le P. Scheil, de nouveaux textes portant *Ka-as-ti-liyas*, la lecture Bitilyaš devient caduque. Pour des raisons analogues, *Bi-ti-li-ya-as* avait rendu caduque une première lecture *Bibeyas*.

(2) *Mémoires*, t. X, p. 85. A la traduction et à l'explication de cette inscription, le P. Scheil donne l'introduction suivante : « Ce monument est doublement important — et parce qu'il contient, croyons-nous, un synchronisme élamito-babylonien (c'est-à-dire Untaš-Gal-Kaštiliyas), et parce qu'il nous livre une inscription, en langue sémitique, d'un roi qu'on s'était habitué à considérer comme le roi *anzanite*, par excellence ».

(3) C'est un des noms de Adad-Ramman, le dieu de la foudre, dit le P. Scheil.

(4) Quoique la présente inscription montre que ce roi était contemporain de Untaš Gal, le P. Scheil dit qu'il ne peut encore préciser de quel Kastiliyas il s'agit ici.

ple qui lui était consacré. C'est pourquoi Untaš Gal « prend de force » le dieu de son adversaire et interdit de le reporter en pays ennemi (*nakri*).

Evidemment un vainqueur ne pouvait se bercer de l'illusion que le dieu protecteur de son rival pourait jamais le favoriser lui-même. Mais il pouvait du moins espérer qu'une fois sur son territoire le dieu de son ennemi ne lui serait pas néfaste, si toutefois il le traitait respectueusement. En conséquence, au lieu de briser ou de mutiler Immiriya, Untaš Gal le place dans un temple, à Siyan kuk (1).

Enfin, si Untaš Gal accorde à ses successeurs la permission de mettre où il voudrait la statue de Immiriya, c'est qu'il était bien persuadé que celle-ci né subirait de ce fait aucun déplacement incompatible avec la sécurité de l'état. En réalité, il est probable, d'après une inscription précédemment déchiffrée par le P. Scheil, qu'un roi élamite, Šutruk Naḫḫunte, usa de la permission que lui avait octroyée son prédécesseur.

---

(1) Le P. Scheil nous avertit que le mot « Kuk » est assez connu, les dieux titulaires des temples sont les kuk de ces temples ; les noms de *Kuk Kirpias, kuk Nasur*, signifient sans doute « les dieux Kirpiaš, Našur sont protecteurs ». (T. XI, p. 25). Il semblerait donc que *Siyan Kuk* devrait s'entendre d'une divinité. Mais, dit le P. Scheil, « en l'occurence, il s'agit plutôt d'un *lieu* ainsi dénommé. De fait, le texte XXV, 2 (Texte élam. anz., I, p. 43), nous apprend que Šutruk Naḫḫunte transporte à Suse des statues prises à Siyan Kuk tanra, ou le roi Untaš Gal les avait placées. Il est possible que les deux noms, avec une légère variante, indiquent un même endroit ». *Mém.*, t. X, p. 86.

D'un nouveau kudurru de Melišihu nous nous occuperons dans la partie juridique de notre étude (1). Nous devons cependant signaler ici le sujet de son bas-relief, parce qu'il est une preuve de la piété des Susiens envers les dieux comme protecteurs des droits de propriété. Le roi Mélisihu amène par la main devant la déesse Nanaï ou Ninni (deux déesses, distinctes à l'origine, quelquefois confondues, dans la suite), sa fille, Hunnubat Nanaï, à laquelle il donne un domaine par le présent acte. Ce geste signifie clairement que le père confie à la déesse le soin de garantir à la princesse la possession de son domaine. Le texte, du reste, l'expose clairement. Quant à Nanaï, en tendant les bras à ses pieux clients, elle leur montre bien qu'elle accepte de grand cœur la mission qui lui est confiée.

A Suse, on a trouvé une inscription que le P. Scheil a pu dénommer : « un fragment d'un poème du juste souffrant » (2). Malgré sa provenance, ce document n'est pas l'œuvre des scribes élamites et n'est point d'une époque fort ancienne. De fait, ses caractères néo-babyloniens ont permis à son docte interprète de le dater soit de l'époque des derniers Sargonides, soit du nouvel empire babylonien. De plus, ce document nous est parvenu dans un état très fragmentaire. Néanmoins, nous sommes pleinement de l'avis du P. Scheil, qui trouve qu'à cause de l'importance de son sujet, ce texte mérite d'être publié. En consé-

---

(1) *Mém.*, t. X, p. 87.
(2) *Mém.*, t. XIV, pp. 46-48.

quence, voici la traduction et les restitutions que présente le docte herméneute :

Face.

2. Possédais-je quelque bonne chose, je ne (l'ai point caché) !
Avais-je trouvé quelque aliment, pour moi-même je ne (l'ai point gardé) !
Avais-je trouvé quelque breuvage, pour moi-même je ne (l'ai point gardé) !

5. (J'eus faim), moi, et celui qui trouvait un aliment, pour lui-même c'était précieux !
(J'eus soif, moi), et celui qui trouvait du breuvage, pour lui-même (le gardait) !
(J'ai prié, moi), et à qui (jure en) vain par le saint nom de son dieu (on m'a assimilé) !
. . . . on m'a fait demeurer avec les chiens, les porcs.. !

10. . . . . et les eaux du fleuve, lieu (de justification) !
. . . . la barque. . . . . . .

Revers.

1. La joie . . . .
(Je mange) moi et (lui est affamé) !
(Je bois) moi et (son) gosier (est altéré) !
Je me purifie à l'eau du fleuve, moi, et (lui reste impur) !
5. Je monte une barque, moi, et (lui reste enchaîné) !
. . . . mon péché (il est effacé) !
. . . . ma faute (elle est absoute) !
le lien de fer, le dieu (l'a brisé) !
(les impies) voient (le salut du juste).

10. que brille (sa lumière) !

Comme on le voit, l'auteur de ce poème avait été scandalisé à la vue du malheur des bons et du triomphe des méchants. De ce problème, il donne une solu-

tion, en montrant qu'un état de choses aussi scanda-
leux fut complètement renversé. Du reste, pour donner une claire intelligence de ce morceau, nous n'avons
qu'à reproduire l'excellent commentaire qu'en donne
le P. Scheil : « La face du fragment du nouveau texte
décrivait, autant que deviner se peut, les revers im-
mérités du Juste, mis en contraste avec sa prospérité et sa générosité passées. Aux temps des beaux
jours, le Juste ne gardait pas pour lui, mais disper-
sait aux indigents, troupeaux, richesses, aliments ;
depuis sa déchéance, ceux qui possèdent les biens les
réservent pour eux-mêmes et le laissent dans les pri-
vations ; il invoque sans cesse son dieu, et on le traite
d'impie, parce qu'il est malheureux ; on le relègue
avec les chiens et les porcs ; les rites lui sont interdits,
et les eaux du fleuve qui justifient ou purifient restent hors de sa portée.

» Le revers montrait ce juste rentré en grâces auprès de la Divinité, et les impies confondus. Celui-là
est dans la joie : il mange, et ceux-ci sont affamés ; il
boit, et ceux-ci restent altérés ; il fréquente le fleuve,
et ceux-ci restent attachés loin du rivage. Ce qui
avait causé le courroux du dieu a cessé, la chaîne de
fer est rompue ; tous voient le triomphe du Juste et
sa lumière brille à jamais ! »

Les sages de l'Ancien Testament avaient été eux
aussi scandalisés à l'aspect du malheur des justes et
du bonheur des impies. Et, le plus généralement, les
auteurs inspirés avaient résolu la difficulté, comme
notre poète néo-babylonien. Comme celui-ci, ils
avaient dit qu'un pareil état de choses n'était que mo-

mentané et que bientôt les *situations étaient bouleversées*. Notamment la question est ainsi résolue par les auteurs des psaumes XXXVII-XXXVI et LXXIII-LXII. Le livre de Job nous offre plus de lumières sur les causes de la souffrance des Justes, mais il montre lui aussi que ces dernières ne sont que momentanées. De même c'est un sujet identique et c'est une solution semblable que l'on trouvera dans le célèbre poème du *Juste souffrant babylonien*, si on l'examine dans l'étude complète et judicieuse qu'en a faite le regretté François Martin (1). C'est un furieux qui a accablé notre juste de mauvais traitements (2). Après avoir exposé que, malgré ses invocations ardentes à la divinité, en dépit de son recours aux magiciens, et nonobstant le fidèle accomplissement de ses devoirs religieux, il n'a pas été délivré, l'infortuné babylonien fait une peinture fort sombre et très expressive de ses immenses souffrances (3). Enfin le malheureux

---

(1) *Journal asiatique* (*Juillet-Août*) 1910, pp. 75-143. On possède trois fragments de ce poème. Le premier de ces fragments, aujourd'hui au *British Muséum* et édité par Rawlinson, a été étudié par *Zimmern* (*KAT et Babylonische Hymnen und Gebeten*), par le *P. Condamin* (*Etudes*, 20 mars 1903) et le *P. Dhorme* (*Choix de textes Assyro-babyloniens*, pp. 372-379). Mais F. Martin est le premier assyriologue, qui a examiné les trois textes, leur a assigné leurs places respectives et a fait une étude remarquable de tout ce poème. C'est seulement dans les textes réunis par F. Martin que l'on trouve la cause et le terme des maux de 'Tabi-outoul-Illil.

(2) Second fragment qui est un commentaire assyrien, au B. M., édité par Rawlinson.

(3) Premier fragment.

patient, Tabi-outoul-Illid (il est bon le giron d'Illil), parvient à apaiser Marduk ; alors, le très puissant dieu de Babylone le délivre, et le héros délivré se plaît à raconter en détail la guérison de chacune des parties de son corps et sa réhabilitation juridique (1). A la différence du poème trouvé à Suse et des psaumes hébreux, dans l'élégie babylonienne, il n'est pas question du bonheur de l'impie. Mais là aussi, on constate que la souffrance du juste aura un terme. A côté de profondes différences, il est incontestable que le poème babylonien offre plusieurs points de contact avec le livre de Job.

Plusieurs inscriptions sont relatives à des donations faites ou à des victimes offertes à la divinité.

Ba-ša-Šusinak (3500 ou 2500, chr. courte) fit don à son seigneur Šušinak d'un trône de pierre (2).

C'est encore à son dieu national que le même monarque voua sa propre statue avec l'inscription de toutes ses conquêtes (3). Une attestation certaine de cette consécration est fournie par la dédicace du début « au dieu Susinak » et par la conclusion finale « le dieu Šušinak exauça ses prières, et ses offrandes (agréa) ».

On a retrouvé encore une statue vouée par le même prince à la divinité. « C'est, dit le P. Scheil, une

---

(1) Fragment découvert et traduit par *Scheil* et 3ᵉ fragment, provenant de Sippar, au musée de Constantinople.

(2) *Mémoires*. T. X, pp. 9-10.

(3) *Mémoires*, T. XIV, pp. 7-15. Nous avons déjà parlé de l'intérêt historique offert par ce monument. *Supra*, pp. 24, 25.

statue de calcaire blanc (haut. 0 m. 80). Le personnage est assis, pieds déchaux, tient de la main droite un objet court ressemblant à une coupe de libation...., de la main gauche une tige dont le sommet est brisé. Le corps est revêtu du vêtement floconneux à plusieurs rangs parallèles de franges » (1). Très malheureusement, la tête manquant, on ne peut identifier certainement le personnage représenté. Le P. Scheil y vit d'abord une statue du prince Ba-ša-Šusinak (*Rev. Ass. VII*). Puis, frappé par les objets placés dans les mains et par le costume, il modifia son sentiment et crut y reconnaître la déesse destinataire. « Des lions, au nombre de six, d'un travail assez fini décorent le siège..... Des inscriptions courent le long des accoudoirs du trône : à gauche, une inscription sémitique ; à droite, une inscription dite proto-élamite ». Le texte sémitique est ainsi traduit par le P. Scheil (2) : « Au dieu..... Ba-ša-Šusinak, patési de Suse. O toi, (ma prière) de tes oreilles puisses-tu écouter ! mon jugement (?) juge ! » Comme on le voit, le nom de la divinité destinataire de la statue fait défaut. Le pronom personnel *toi* et les suffixes étant du féminin, on peut cependant assurer qu'il s'agit d'une déesse.

Les hauts fonctionnaires vouaient parfois dans les temples, une statuette pour le salut de leur souverain.

Cette pratique nous est confirmée par l'inscrip-

---

(1) *Mémoires*, T. XIV pp. 17-19.

(2) Le P. Scheil n'a pas encore traduit ce texte proto- élamite.

tion suivante d'une statuette de Maništusu : « Maništušu, roi de Kiš, TIS SUB ou U-BA (?), son serviteur, au dieu Naruti, a voué » (1).

D'autres fois ce sont des objets de bien minime importance qui sont consacrés à la divinité. « Quand
les Elamites mettaient à sac les palais et les temples
de la Babylonie, dit le P. Scheil, il n'était, semble-t-il,
si petit objet, qui ne fût bon à prendre, ni si petit chef
qui ne voulut posséder *un souvenir*. Au tome VI,
p. 30, nous avons publié un petit scarabéoïde en agate,
ex-voto de Kurigalzu au dieu KA-DI, qui, disions-
nous, faisait partie d'un butin de guerre. Nous y joi-
gnons aujourd'hui deux pièces de même époque et de
même origine : deux boutons de sceptre en magnésite,
à forme vague de poulie, mesurant 0 m. 05 de haut sur
un peu plus de 0 m. 06 de large » (2). Contentons-nous
de citer la traduction par le P. Scheil de l'inscription
du premier petit objet : « à Ellil, son roi, Kurigalzu,
fils de Burnaburiyas, pour le salut de sa vie, a donné (ceci) ».

Par contre les inscriptions susiennes nous apprennent que des constructions ou des réparations de
temple furent entreprises par religion. C'est ainsi
qu'un temple est bâti, à la déesse Innina, par Mekubi,
épouse de Kal Ruḫuratir, patési de Suse (vers 3000

____

(1) *Mémoires*. T. X, p. 1. Le P. Scheil nous avertit que la
lecture du nom de ce serviteur n'est que provisoire. Aux
signes on ignore s'il faut donner une valeur idéographique
ou syllabique.

(2) *Mémoires*. T, XIV, p. 32. Ce monarque vivait vers 1200.

ou 2000), pour le salut de sa vie (1). Idadu, patési de Suse, a reconstruit, en briques neuves, pour le salut de sa vie, les murs du temple de In Šušinak (2).

Adda Pakšu se contenta de faire un *Surinnu* (colonne ou quelque emblème) en cuivre en l'honneur de Šušinak (3).

La tablette 121 de la collection d'Adda Pakšu, dont nous allons nous occuper à l'instant, est relative à une donation d'or et d'argent faite à la divinité. Notre savant herméneute traduit ainsi ce document :

.... mines d'or et d'argent, au nom du grand orfèvre, à la Porte du dieu (Šušinak) on a porté ! Mois d'A-SAG DIN-GIR-RA, en son dixième jour. Période dite de Gula. Année où le prêtre de Ninni fut désigné (?) (4).

Nous pouvons essayer de préciser la destination de ces mines d'or et d'argent. Le donateur a-t-il voulu enrichir le trésor du temple ou augmenter le nombre des parures de la divinité? Nous pensons que l'on

------

(1) *Ibid.*, p. 26.

(2) *Ibid.*, pp. 27-28.

(3) *Ibid.*, pp. 30-31.

(4) *Mémoires.* T. X, p. 71. Cette tablette a été rédigée presque entièrement en écriture idéographique. Les idéogrammes que le P. Scheil a traduits par *orfèvre* sont AZAG NIM. Le docte assyriologue note en effet : « le nom de l'orfèvre est généralement AZAG-DIM, soit kudimmu. L'élément DIM est remplacé ici par un idéogramme du même genre et plus spécifique, puisque NIM se dit proprement des *ciseleur* et *tailleur* de bracelets et anneaux », p. 72.

3

doit admettre la première hypothèse et dire que cette donation avait été effectuée pour l'accroissement des richesses du temple. Remarquons, en effet, que le don provient d'un orfèvre. Or, si un tel artisan avait voulu consacrer une certaine quantité d'or et d'argent à la splendeur de la divinité, il aurait certainement doté celle-ci de parures façonnées par ses soins. Nous croyons donc avoir dans la tablette 121 un exemple de ces donations, par lesquelles était alimenté le trésor du temple. Et du même coup nous saisissons comment les temples pouvaient faire aux particuliers des prêts, dont plusieurs étaient gratuits.

Au tome X des *Mémoires*, le P. Scheil a transcrit et traduit 127 tablettes de l'époque d'Adda Pakšu (1). Ces tablettes sont des reçus, très généralement d'animaux, mais quelquefois aussi de diverses autres choses, comme par exemple, de quantités variées de liqueurs douces ou fortes (tab. 100, 122), de différentes denrées (104), d'huile (125). Or, parmi les récep-

---

(1) Pour fixer cette date, le P. Scheil établit d'abord que ces tablettes, sauf deux, appartiennent à une même époque, cela résultant « de leur point d'origine sur la fouille, de leur composition et du caractère de leur écriture ». Puis il croit pouvoir désigner une époque contemporaine ou peu postérieure à Adda Pakšu, parce que les allusions à ce prince sont fréquentes, tandis qu'on n'en voit aucune à un prince postérieur. Adda Pakšu, dont le nom signifie, le dieu Pakšu est père, était un roi de Suse, qui serait contemporain du roi de Babylone, Šumu-abi. Or celui-ci est le premier souverain de la Ire dynastie babylonienne. Il vivait vers 2225 (chronologie longue). Ces tablettes sont donc fort anciennes.

tions d'animaux, les unes étaient destinées à la boucherie et les autres étaient réservées pour des immolations cultuelles (1).

Les reçus d'animaux ayant cette seconde destination sont intéressants au point de vue religieux. Ils nous renseignent en effet sur la qualité et la quantité des victimes sacrées. Ils peuvent de plus nous fournir accidentellement quelques informations sur le culte des dieux.

Les animaux immolés à la divinité étaient généralement les moutons gras ou les béliers. Nous ne rencontrons qu'un seul sacrifice de bœuf (19).

Rien de plus simple que le libellé de ces reçus, comme on peut le constater par l'exemple de la tab. 11, dont nous empruntons la traduction au P. Scheil :

1 mouton gras pour le sanctuaire de Šušinak. Durpipi de Kuya (a reçu). GIR (*fonctionnaire*) : Pašiš Gula. Mois de Serḫum AŠ-KIN-KUD-A. Période IGI-URU (ki) (2).

---

(1) Le P. Scheil a pensé que *gusum* s'emploie de préférence pour l'égorgement ordinaire des animaux de boucherie et que ḫatapi est usité pour l'immolation cultuelle des victimes, p. 19.

(2) Le mois de Šerhum AS-KIN-KUD-A équivaut au mois de Nisan, p. 20. Le P. Scheil explique que ces tablettes sont datées par périodes appelées PAL. On en discerne trois, dont IGI-URU (ki). « Ces périodes dépassaient peut-être le laps d'un an. La tablette 2, outre le PAL, donne une formule d'année, celle de Sumu-abi. De même 121 « PAL de Gula » et « année où le prêtre de Ninni fut désigné ». En tout cas, un PAL ne commençait ou ne se terminait pas nécessairement avec l'année ». SCHEIL, t. X, p. 17.

Nous voyons que la réception des animaux est faite en présence d'un fonctionnaire, le GIR. Cette présence n'est pas une particularité de la tablette 11, car nous la retrouvons dans d'autres réceptions d'animaux pour les sacrifices ou pour la boucherie (tablettes 1, 3, 8, 14, 117 à 120). On se souvient que le § 95 du C. H. exige la présence du GIR pour la validité d'un prêt à intérêt fait par un damqarum.

On faisait des sacrifices d'animaux aux néoménies, ainsi que la chose est attestée par la tablette 12, qui est traduite par le P. Scheil de cette façon :

1 brebis, 14 têtes de petit bétail, pour l'abatage, sont prélevées sur Girra Kurad et Simut šemti, (pour) la néoménie de Šerhum. Mois de Šerhum ŠE-KIN-KUD-A, en son 2me jour. Période (dite) de IGI-URU (ki).

La tablette 24 semble indiquer que l'on sacrifiait à la déesse Ninni, sous un bosquet sacré.

x moutons gras, mâles, adultes, pour l'abatage dans le *bosquet*, à la néoménie d'Elul ou fête de la déesse Ninni uru anna. Addabuni les a pris de Kuya. Mois d'Abum, 17me jour. Période (dite) de Gula.

« Nous ne répugnons pas, dit le traducteur de ce texte, à voir dans *garmum*, un verger ou bosquet consacré à la mère des amours ». Et pour justifier son dire, notre assyriologue rapproche le mot élamite-sémitique de l'hébreu *kérém*, dont le sens est tel (1).

---

(1) Eluli, Ululu signifie fête. Comment ce mot fut-il usité pour désigner un mois, le douzième, le P. Scheil nous l'apprend. D'abord on indiqua, comme dans cette tablette, le mois où tombait la fête de Ninni, par l'expression « mois de

Deux tablettes mentionnent des comptes d'animaux réservés à des sacrifices pour campagnes royales. Par la tab. 69 nous constatons que l'expédition du roi fut inaugurée par un sacrifice au colosse-lion, génie protecteur de la cité. Dans la tablette 75, c'est un agneau « de croît » qui est immolé, à l'occasion de la campagne dirigée contre Dur Iligama. Ces deux exemples nous instruisent sur les pratiques religieuses des Elamites à l'occasion des événements de politique étrangère.

Au tome XIV des *Mémoires*, M. Legrain a publié la transcription et la traduction de près d'une centaine de tablettes datant de l'époque de la dynastie d'Agadé (temps de Naram-Sin, Sargani-sarru vers 3750 ou 2750, suivant la chronologie longue ou courte). Or les deux derniers documents de cette série intéressent l'ordre religieux. En effet, l'un est un texte magique (90) et l'autre un texte d'incantation.

Assurément bien avant la publication de ces tablettes, le répertoire de la littérature assyrienne nous avait révélé des textes de magie ou d'incantation.

---

la fête (Elul) de Ninni ». Puis on se servit de la simple appellation : « mois de la fête, mois d'Elul », le nom de la déesse étant supprimé. « De tous les mois désignés par des expressions semblables « mois de la fête de Bau », « mois de la fête de Dungé », etc., il n'en est qu'un qui ait gardé la trace d'une idée de fête, la fête de Ninni, devenue si bien la fête par excellence, que le nom même de la déesse a disparu, pour ne laisser que Eluli, Ululu « fête ». Ce nom ne sert que dans le corps des textes. Aucune suscription ne le contient ». SCHEIL, t. X, p. 37.

Aussi ce qui fait la grande valeur des tablettes 90 et 91, ce n'est point tant le caractère de leur teneur que la date reculée de leur origine. Jusqu'à la présente découverte, le premier millénaire avant J.-C. avait livré plusieurs formules magiques et maintes paroles d'incantation (1) ; mais le troisième et le quatrième millénaires ne nous avaient rien transmis en fait de littérature de ce genre.

Avant de rapporter et d'étudier la teneur des tablettes 90 et 91, nous croyons opportun d'expliquer brièvement le rôle de la magie et de l'incantation dans la religion assyro-babylonienne.

Parmi les diverses classes de prêtres chaldéo-assyriens, il en était une qui avait pour but unique de lutter contre les causes occultes des maux qui affligeaient l'humanité. Que le babylonien soit exposé au

---

(1) Dans ses « *Textes religieux et babyloniens* », *François Martin* a publié plusieurs formules magiques et plusieurs incantations appartenant à cette époque. La *Prière à Gishbar, dieu du feu*, pp. 140-149, contient plusieurs textes d'incantation. Les *Prescriptions rituelles touchant les fonctions de l'enchanteur (asipu)*, pp. 251-287, contiennent plusieurs formules magiques, col. I 23-26, Col. II, 7-9 (onctions par le magicien d'un homme et d'une femme et du magicien lui-même) — Col. III, 19-37 (sacrifice d'un mouton, onction avec son sang des montants de la porte). Ce texte contient encore une grande quantité d'incantations ; mais celles-ci, étant mentionnées dans le but d'en imposer la récitation à l'ašipu, ne sont indiquées que par leurs premières paroles. Ce document prescrit encore plusieurs sacrifices et offrandes. Sa date est contemporaine d'Assurbanipal. Le *Texte rituel* K. 3469 contient une formule magique, un sacrifice et une incantation, pp. 276 et 277. Un fragment d'incantation K. 9148, pp. 292 et 293.

mal physique et au mal moral par suite de l'intervention de causes mystérieuses multiples, les PP. Lagrange et Dhorme nous le montrent clairement. « Les dieux sont bons, mais susceptibles, les mauvais démons sont toujours prêts à mal faire, les âmes des morts peuvent devenir importunes » (1). « Le mal peut provenir de causes multiples. Souvent il sera dû à l'action des esprits mauvais qui s'attaquent à l'homme et font tort à sa santé, à son bien-être, à ses fonctions normales.... Mais parfois les auteurs du mal dont on souffre sont des êtres qui habitent réellement sur terre. Le sorcier et la sorcière qui lancent des charmes terribles contre leurs ennemis...... Mille et une autres causes peuvent avoir occasionné le charme qui lie le patient..... On n'oubliera pas parmi elles la colère du dieu et, cause de cette colère, le péché de l'homme » (2).

Or la classe des prêtres assyro-babyloniens qui avaient pour mission de délivrer l'homme des causes surnaturelles ou préternaturelles de son mal, était celle des *asipu*. Ce terme, d'origine assyrienne, correspond aux mots de notre langue, exorciste, conjurateur, enchanteur (3). L'ašipu est donc l'homme de l'in-

---

(1) P. LAGRANGE, *Etudes sur les religions sémitiques*, p. 223.

(2) P. DHORME. *La Religion assyro-babylonienne, Neuvième leçon, le Sacerdoce*, pp. 284-291.

(3) Le P. Lagrange mentionne encore d'autres désignations pour ce prêtre : *mussipa* « celui qui prononce la conjuration », *mullilu* « celui qui rend pur », *masmasu* que le P. Lagrange traduit par « réconciliateur » et F. Martin par « magicien ». Cf. LAGRANGE. *Religions sémitiques*, p. 228, n. 4.

cantation. On peut le définir plus explicitement avec F. Martin : « L'*ashipu*, « l'enchanteur », exerce l'art de Marduk, c'est-à-dire l'incantation : par des prières, des sacrifices, des offrandes, toute une succession de rites nombreux et compliqués, il adjure non seulement les dieux de l'incantation, Ea et Marduk, mais tous les autres dieux de chasser le mal physique, le mal moral qui en est la source, les démons qui en sont les auteurs immédiats » (1). De son côté, le P. Dhorme s'exprime ainsi : « Si nous voulions donner une définition à l'*asipu* d'après les idées théologiques des Babyloniens et des Assyriens, il faudrait dire : c'est le prêtre choisi par Ea et par Marduk, pour proférer l'incantation d'Eridou et pratiquer les rites salutaires qui délivreront l'homme de tout mal et de toute souillure. A côté de l'incantation qui a sa vertu propre et qui peut expulser l'esprit mauvais ou la maladie, l'ašipu recourt aussi à la prière. La prière agit directement sur la divinité et l'apaise..... La démarcation entre la prière et l'incantation n'est pas très accentuée » (2).

Comme on le voit par ces définitions, pour délivrer du mal, l'exorciste recourait surtout à l'incantation et aussi à des rites plus ou moins magiques ; mais il employait aussi les prières, les sacrifices, les offrandes. Aussi le P. Dhorme dit-il très bien de l'ašipu : « Il est vraiment prêtre parce qu'il intervient auprès de la divinité offensée pour la calmer ou au-

---

(1) *Textes religieux assyro-babyloniens*, p. XIII.
(2) P. Dhorme, *La Religion assyro-babylonienne*, p. 289.

près de son dieu pour en implorer la lumière et le secours en faveur du fidèle. Il est sorcier, car il sait la formule et le rite qui soulageront son client. Mais surtout l'ašipu est médecin, puisque c'est à lui qu'il appartient de guérir les maladies issues de la possession du charme ou du péché » (1). Au témoignage du P. Dhorme, ce conjurateur est « sans contredit le prêtre qui joue le plus grand rôle dans le culte assyro-babylonien » (2). « C'est, dit le P. Lagrange, l'homme de tous les jours, comme la souffrance contre laquelle on l'invoque » (3).

Le P. Lagrange nous montre le conjurateur à l'œuvre (4).

Tout d'abord l'ašipu va s'occuper de purifier de ses péchés le malade qui recourt à son ministère. « C'est le péché qu'il s'agit d'extirper avant tout. A supposer que le sortilège d'un ennemi ou un cas fortuit soit la cause du mal, sans le péché, le patient ne serait pas abandonné de son dieu et le charme devrait demeurer impuissant. Il faut donc que le pénitent avoue sa faute ». A cet effet, l'exorciste « confesse son pénitent sans exiger un aveu trop spécial. Il énumère sous la forme interrogative tous les péchés qu'on peut commettre. Le pécheur garde le silence, on ne lui demande pas même de répondre à cette interrogation

----

(1) Op. laud., p. 286.
(2) *Ibid.*
(3) *Etudes sur les religions sémitiques*, p. 222.
(4) *Ibid.*, pp. 225-228.

qui s'adresse plutôt au dieu ; il suffit que le péché soit nommé ».

Mais un acte involontaire pouvait être la cause du charme ou du sortilège qui pesait sur l'infortuné. « Alors la recherche était encore beaucoup plus difficile, puisque tout objet, tout acte, tout contact risquait d'être l'occasion d'un maléfice ». L'exorciste cherchait alors de son mieux, en posant toutes sortes de questions. « A bout de souffle et d'imagination, il a recours aux dieux. Une longue litanie commence, où le principe territorial est respecté ».

En troisième lieu, l'exorciste pouvait se trouver en face d'un cas très grave, d'un sortilège puissant. Alors, « le rituel fournit pour le combattre des remèdes énergiques, la magie sympathique sera vaincue par ses propres artifices ». L'ašipu prononce des incantations. Il pratique des combustions. Et pour donner de l'efficacité aux formules qu'il prononce et aux rites qu'il pratique, l'ašipu s'appuie sur les dieux de l'incantation, Ea et Marduk. De ce fait, le P. Dhorme nous explique très bien la raison : « L'une des idées les plus chères aux Babyloniens est que le prêtre n'est rien par lui-même : il est tout par la divinité qu'il représente et incarne en lui.... L'incantation semble proférée par la bouche du prêtre ; en réalité la bouche qui parle est celle du dieu, la formule est celle du dieu, la prière est celle du dieu..... L'efficacité vient d'Ea et de Marduk. Le prêtre est leur délégué et leur incarnation. Par le fait même qu'il est l'homme de l'incantation, l'ašipu devait être en relation avec la ville sainte d'Eridou et son dieu Ea.

On aime, en effet, à mentionner « l'incantation d'Eridou », « l'incantation d'Ea » (1).

-----

(1) *Op. laud.*, pp. 287-288. Empruntons de nouvelles explications au P. Dhorme pour bien faire comprendre ce rapport.

« L'eau de l'Apsou (fleuve immense, qui, d'après la conception chaldéenne, entourait la terre) jouait un rôle tout à fait spécial dans les incantations et dans les rites divinatoires. Le nom même signifiait « demeure du savoir », car c'était grâce à l'eau de l'Apsou que les mages pouvaient donner des recettes utiles pour le présent et d'heureuses prévisions pour l'avenir. On construisait dans les temples des sortes de réservoirs qui portaient eux aussi le nom d'apsou et dans lesquels on plaçait l'eau sainte d'Eridou. C'était Eridou, la ville la plus méridionale de la Chaldée, qui faisait le trait d'union entre la Terre et l'Océan qui l'entoure ». Or le dieu d'Eridou était En-ki, c'est-à-dire « seigneur de la terre », qui s'identifie avec E-a, c'est-à-dire « maison de l'eau ». On l'appelait « le roi de l'apsou ». Cf. DHORME, *La Religion Assyro-babylonienne, leçon, Les Dieux,* pp. 73 et 74.

Le P. Lagrange mentionne encore d'autres fonctions de l'ašipu, qui sont d'un intérêt secondaire pour l'étude des tablettes 90 et 91. Indiquons-les brièvement. La confection et l'installation dans la maison des images en bois des sept dieux domestiques et de leur sœur Narutu, à l'effet d'empêcher les mauvais démons de pénétrer dans les demeures. Ces installations d'images étant un épisode de la guerre des démons étaient accompagnées de conjurations, de purifications et de sacrifices. Ceux-ci avaient généralement lieu sur les terrasses, et la fumée symbolisait le départ des esprits. « Les fonctions de l'exorciste s'étendaient encore à la consécration des idoles destinées au temple, sans doute parce que là aussi il s'agissait de transformer une chose profane en objet sacré par une série d'aspersions et de fumigations ». Il exerce de plus une certaine fonction expiatoire relative à la purification du roi. Cf. *Op. laud.,* pp. 229-232.

Ces explications fournies, nous pouvons aborder l'étude du texte magique et de la formule d'incantation qui terminent la collection des tablettes d'Agadé transcrites et traduites par M. Legrain, au *t. XIV des Mémoires.*

Et d'abord, voici la traduction que nous livre cet assyriologue de la tablette 90 :

Une brebis noire non saillie sur la terrasse de la maison, il la fera monter, et, un œil sans larmes........ il la liera,
Dans le verger, il l'égorgera.
Et sa peau il dépouillera, et d'onguent, il la remplira et dans son .... le KIB (?) (la) gardera.
Avant de .... sa peau un onguent.......................
Un pot neuf sur 7 morceaux de palmier, sur 7 morceaux de *huluppu* et sur 7.................... qu'il cuise.

Malgré les lacunes de ce texte, on peut se rendre compte des traits essentiels du rite de l'immolation de la brebis noire non saillie. On la liait sur la terrasse. On l'égorgeait dans le verger. On remplissait d'onguent sa peau et on la confiait à la garde d'un personnage désigné par l'idéogramme KIB. Quant aux chairs de la brebis, elles étaient cuites dans un pot neuf sur sept morceaux de palmier et d'un autre bois dénommé ḫuluppu.

Que ce texte prétende indiquer une formule magique et non point livrer seulement une recette culinaire ou un mode de sacrifice, nous pouvons l'affirmer, en dépit de l'absence du magicien. A priori, les qualités requises pour la victime, les circonstances exigées pour son immolation et sa cuisson, l'usage enfin de sa peau plaident pour un rite magique. Puis plusieurs particularités indiquées dans la tablette 90 se retrouvent dans les formules magiques que nous connaissons : action se déroulant sur la terrasse, usage de la peau de l'animal, emploi d'onguent, nombre sacré 7 (1). A l'aide de l'onguent remplissant la peau de cette brebis vierge, et de la manducation de ses chairs cuites d'une façon spéciale, on prétendait agir sur l'esprit, qui était cause de la maladie ou du mal moral, on voulait accomplir un acte magique.

Quant à l'incantation de la tablette 91, M. Legrain la traduit ainsi :

Incantation : Demeure de lumière (En-e-šir-ru)
Telle l'enceinte royale, la servante parée,
Telle l'enceinte d'En-ki, la servante parée ;
Son réservoir (?), (est un) mont qui répand l'abondance ;
Son pavillon, dont l'ombre (est) semblable à un plant du mont Zana (?),
  Se dresse au cœur de la demeure.
Telle l'enceinte royale, ainsi la servante se pare,
Telle l'enceinte d'En-ki, ainsi la servante se pare.
. . . .
. . . .
. . . .
  L'œuvre (?) faite
Nin abuḫadu, au nom de Nina
Gardienne du . . . . d'Enki

---

(1) Sacrifices offerts sur terre, cf. LAGRANGE. *Op. laud.*, p. 229, « avec un mouton vivant, avec la peau d'un grand taureau, 7 cassolettes, 7 vases, 7 autels.... Cf. F. MARTIN, *Textes religieux Assyriens et Babyloniens*. K. 3245. Col. I, 21, 22, 23,26, 31, 32. Col. II, 5-7,14-17. En ce texte il est question de *hulduppe*, mot qui ressemble au mot *huluppu* de tab. 90. On sait qu'en Palestine notamment c'est dans des peaux de boucs, ayant subi une préparation préalable, qu'on porte l'eau.

Il est aisé de voir que le texte de la tablette 91 ne ressemble aucunement à celui d'une prière. Le parallélisme synonymique le plus régulier, la répétition monotone des louanges donnent à ce morceau la tournure littéraire des incantations que nous connaissons. On célèbre dans ce document l'éloge de l'enceinte d'En-ki ou Ea, c'est-à-dire du dieu des incantations. Si la leçon « réservoir » est exacte, nous avons-là une allusion à ces réservoirs construits dans les temples et remplis d'eau de l'Apšou prise à Eridou, à l'effet de s'en servir pour la divination. 'En résumé, ce texte très différent d'une prière, exprimant des aphorismes en style du parallélisme synonymique le plus strict, parlant d'Enki et peut-être d'un réservoir plein de l'eau de l'Apšou ou d'Eridou, a tout à fait l'aspect d'une formule destinée à conjurer un mauvais sort. Ainsi la critique interne justifierait le titre d'incantation apposé en tête de ce texte.

Pour clore notre étude des tablettes 90 et 91, rapportons le jugement que porte le P. Scheil sur l'importance de leurs textes : « Incantation par le E-SIR-RU, rituel d'immolation de la brebis vierge, noire — quelle collection possède des textes religieux ou magiques de cette sorte et de si haute antiquité ? » (1).

---

(1) *Mémoires*. T. XIV, p. 55.

Dans la *Revue d'Assyriologie* XVII-R.11, M. Thureau-Dangin vient de publier une étude sur *Le rituel du Kalu*. « Le Kalu, nous dit-il, était un prêtre ayant pour mission d'apaiser par ses chants « le cœur des dieux ». Il s'accompagnait, en chantant, de divers instruments de percussion, dont le principal,

Dans le même tome XIV des *Mémoires* (1), le P. Scheil a publié la transcription et la traduction, avec notes explicatives d'une tablette de présages, datant du règne des Sargonides (722-625). Le docte assyriologue nous avertit que les présages relatés sur cette tablette sont loin d'être de première main : « Ainsi qu'on le verra par des renvois à divers recueils assyriens du même genre, que je ferai au cours du commentaire, l'ensemble est tout d'emprunt. C'est ici comme un choix varié : rencontre d'un lion, d'un bœuf, du roi, port d'un rameau, singularité du vêtement, position des organes du corps, construction d'édifice, lévitation ou aviation, descente aux enfers, périgrination, immersion dans l'eau, etc. » (2). Les présages rentrent dans le domaine d'une autre catégorie de prêtres, celle du devin, du *barû*. Les moyens employés par le *barû* pour connaître l'avenir étaient nombreux. Tout d'abord il recourait à Šamaš et à Adad, qui étaient ses dieux protecteurs. Le plus gé-

appelé *lilissu*, avait la forme d'une timbale ». Or, dans la tablette AO 6479, provenant de Warka et de l'époque des Sélencides, nous lisons que le Kalu, parmi les rites qu'il devait observer pour couvrir de la peau d'un bœuf le lilissu, devait « murmurer des incantations au moyen d'un chalumeau en roseau aromatique à l'intérieur de l'oreille de ce bœuf ». II, 9, p. 65.

(1) Pp. 49-59. Cette tablette, de langue sémitique, est inscrite en écriture élamite. Les colonnes sont disposées suivant le schéma │ 2-1 │ │ 4-3 │ qui est très commode pour les scribes, mais moins pour les lecteurs.

(2) P. 49. Le recueil, auquel se réfère surtout le P. Scheil est le *Choix des textes magiques*, de BOISSIER.

néralement ces divinités le renseignaient par l'inspection de l'huile dans l'eau, du foie et des entrailles des victimes, du vol des oiseaux et surtout par l'examen du ciel, l'interprétation des songes. Mais, dit le P. Dhorme, « lire dans l'eau du baquet sacré, lire dans le foie de l'animal immolé, ce n'est pas le tout de la science divinatoire. Les animaux et les hommes ne se remuent pas au hasard sur notre planète. Observer leurs allures et spécialement les manifestations anormales de leur activité, étudier les phénomènes, spécialement les phénomènes extraordinaires de l'enfantement, de la maladie, de la mort, c'est une source de savoir pour le baru. Il a, dans ses catalogues, la documentation précise de ses devanciers...... Tantôt il existe une relation entre la nature du signe et la déduction qu'on en tire, surtout lorsqu'il s'agit des pronostics sur l'issue de diverses maladies. Tantôt la relation nous paraît arbitraire et c'est ce qui la rend plus mystérieuse aux non-initiés » (1). Evidem-

---

(1) DHORME, *La Religion Assyro-babylonienne*, p. 295. Dans cet excellent ouvrage, on trouvera des notions documentées et claires sur le rôle du barû (celui qui voit), sur sa haute antiquité (antérieure à la Ire dyn. bab.), sur ses qualités de famille et de personne, sur ses fonctions et le mode de les accomplir, sur les rites divinatoires, et sur son initiation. « Le *barû* est donc bien l'intermédiaire entre les dieux et les hommes pour les communications divines », pp. 291-298.

Consulter aussi : P. LAGRANGE, *Religions sémitiques*, pp. 233-240. — F. MARTIN, *Textes religieux assyriens et babyloniens*, Prescriptions rituelles touchant les fonctions du devin, 220-230, 233-240, 296-298 ; Consultations de Samas et de Adad,

ment les présages contenus dans la tablette trouvée à Suse appartenaient aux catalogues des devins.

Il nous paraît inutile de rapporter ici la traduction de ce document, dans lequel se trouvent, du reste, des lacunes. Résumant la plupart de ces présages, nous ne citerons la traduction intégrale du P. Scheil que pour les plus intéressants.

La rencontre d'un lion ou d'une bête sauvage est un présage de malheur et spécialement de violence (Col. I. 1-7). Au contraire la rencontre du roi ou d'un bœuf est un signe de prospérité (8-9). Pour le port d'un rameau on a le présage suivant :

> 12 Si un homme porte un rameau sur son sein et le baise,
> 13 Cet homme possèdera blé et argent ; le jour, où de son sein
> 14 Ce rameau s'en ira, tout ce qu'il possède périra.

Ce présage est un de ceux qui justifient l'observation du P. Scheil suivant laquelle, les faits divinatoires, en grande partie, sinon tous, sont supposés avoir été accomplis en songe. Il est évident qu'elle eût été bien illusoire la science des devins, si elle avait attaché la prospérité à des actes libres et faciles.

Viennent ensuite deux présages fondés sur l'état des jambes et des yeux, que nous nous abstenons de reproduire, la traduction de certains idéogrammes

---

pp. 20-24, 108-112, 300-309. — P. DHORME, *Choix de textes religieux assyro-babyloniens, Institution du Sacerdoce*, pp. 140-147 ; *Tablette cultuelle de Sippar*, pp. 382-397.

n'étant pas sûre. Quatre présages sont en corrélation avec le vêtement : voici les deux mieux conservés :

17-18 Si un homme revêt une peau de chevreau, le puissant sera emporté, mourra.

20 Si un homme revêt un habit noir, violence.

Le reste de la colonne est consacré à des présages tirés des maladies du corps et spécialement du fondement. Plusieurs termes de cette série ayant disparu ou étant de traduction incertaine, il est inutile de faire des citations.

La 2e colonne du côté face est très mutilée. Comme texte complet et sûr, nous ne pouvons citer que le présage suivant :

6 Si un homme revêt de la verdure, déchéance.

Nous discernons deux présages assurant que, si une maison est construite près de tel endroit, le Palais ravira soit les biens du propriétaire, soit sa maison.

La première colonne du revers est assez bien conservée pour nous fournir plusieurs présages intéressants. Toutefois, vu son mauvais état de conservation, ceux-ci ne se trouvent pas au début de la colonne. Nous trouvons des présages tirés des rencontres, mais dont les significations ont été détruites. Deux présages de malheur sont indiqués comme résultant d'un état des entrailles que le P. Scheil propose avec hésitation de traduire par « enchevêtré ».

Les prodiges de lévitation, évidemment passés en songe, sont des signes de malheur :

13 Si un homme vole en l'air, tout ce qu'il possède périra.

14 Si un homme s'élance et vole, pour le muškin, violence et malheur.

15 Pour le déchu, violence, déchéance ; dans la maison où il a volé, rien d'heureux ne se verra.

16 Si un homme vole, et du lieu où il se tient, s'élève,

17 La ruine de cet homme sera grande.

La condition des présages suivants étant très facile à réaliser ou à éviter, il faut de toute nécessité qu'elle se soit passée en songe. Et d'abord, voici trois proverbes dérivant du jardin :

18 Si un homme, son jardin est grand, il n'aura pas de paille.

19 Si un homme, son jardin est démesurément grand, les soldats l'anéantiront, 20 et tout ce qu'il a périra.

20 *b* Si un homme baise son jardin, 21 tout ce qu'il demande à manger, tout ce qu'il désire, 22 on ne l'en privera pas.

Puis viennent des présages tirés des voyages et du port du sel :

22 *b* Si un homme s'en va hors du pays, 23 la dame, la serve l'opprimera (?)

23 *b* Si un homme hors des confins du pays s'en va, 24 il deviendra important.

24 *b* Si un homme porte du sel, 25 le dieu enrichira cet homme.

Relativement au sel, le P. Scheil cite le présage suivant emprunté au *Choix* de Boissier, dont l'effet est absolument contraire à celui qu'allègue notre texte : « S'il porte du sel, ses paroles lui feront du tort ».

La fin de la colonne est consacrée aux présages tirés de l'immersion dans le fleuve. Malheureusement la brisure de la tablette nous empêche d'avoir l'ensemble des horoscopes de ce genre.

25 *b* Si un homme sort de l'eau plus léger,

26 et jugement, et maladie il verra légers.

27 Si un homme sort plus lourd de l'eau, et jugement et maladie, il verra lourds.

Un bain n'exerçant aucune influence sur le poids physique, il est évident qu'il faut entendre ici *léger* ou *lourd* au sens moral de plus ou moins dispos. Quant au jugement (*dinu*), à cause du contexte maladie (*nursu*), nous préférons y reconnaître un châtiment divin plutôt que la sentence d'un procès.

Le présage tiré de l'immersion dans le fleuve est intéressant parce qu'il rappelle l'ordalie ordonnée par C. H.. § 2. De ce présage nous n'avons qu'une seule hypothèse, dont la conclusion n'est traduite que dubitativement par le P. Scheil, à cause de la valeur incertaine de quelques idéogrammes.

28 Si un homme traverse un fleuve ou marais et enfonce,

29 et remonte, quoi que ce soit (il obtiendra ?)

29 *b* Si un homme se relève du fleuve,

Il y a quelques légères variantes entre le texte de

C. H., § 2 et celui de la tablette (1). Mais 28 et 29ª suppose une épreuve favorable comme celle que décrit C. H., § 2, 4 6-56.

Le début de la seconde colonne du revers est tronqué. Mais la fin contient des présages tirés de la descente aux enfers (2). Nous n'avons à nous occuper que de ces derniers présages, qui seuls nous sont parvenus dans un état de conservation suffisant.

Le premier des présages tirés de la descente aux enfers, note que cette action est censée se passer durant le sommeil (*ina sutisu*). Sans cette indication, on eût pu conjecturer la chose. Une première série de présages dépend de l'accueil fait par les morts. Le P. Scheil les traduit ainsi :

---

(1) Dans la tablette le marais (apparu) peut remplacer le fleuve. Dans le code, il est parlé de plonger (šalu) ; dans la tablette, de traverser (ebêru). Dans le code, le résultat de l'épreuve est marqué par le verbe « et le *purifie* » (*utebbibassu*) de la racine abâbu ; dans la tablette, par « enfonce et remonte ». En dépit de ces différences, le sens est le même. Nous savons en effet que ceux qui se soumettaient à une épreuve de ce genre étaient innocentés ou purifiés, quand le fleuve les recevaient, c'est-à-dire quand ils enfonçaient. Du reste, nous voyons que dans la tablette aussi bien que dans C. H., § 2, l'issue de l'épreuve est favorable.

(2) Le P. Scheil s'appuie sur un texte du même genre, K. 25 du recueil de Boissier, où les prodiges d'aviation précédent ceux qui se rapportent à la descente aux enfers, pour dire que la partie tronquée de notre tablette se rapportait à l'aviation.

C'est « *descendre sous terre* » (ana irṣiti urid) que nous traduisons par descendre aux enfers.

11 Si un homme descend sous terre et si les morts l'accla-
ment,

12 Cet homme mourra, et dans la terre, où il est né, ne sera
pas enseveli.

13 Si un homme descend sous terre et si les morts lui font
fête,

14 la prospérité l'abandonnera........ pour le muškinu (1).

15 deuil !

15, 16 Si un homme descend sous terre et si les morts l'in-
sultent, celui-là est béni de la part des dieux.

Nous résumerons fidèlement le sens de ces présages, en disant que, suivant que les morts font bon ou
mauvais accueil à la personne qui descend vers eux,
celle-ci mourra ou vivra. Peut-être la raison de cette
corrélation, qui semble contradictoire, est-elle expli-
cable par les considérations suivantes. Si les morts
accueillent bien un visiteur, n'est-ce pas parce qu'ils
savent que celui-ci sera bientôt un des leurs ? Si au
contraire les habitants des enfers reçoivent mal un
visiteur, n'est-ce pas parce qu'ils savent que ce dernier ne doit point venir de si tôt prendre rang parmi
eux, c'est-à-dire qu'il doit vivre et avoir des affaires prospères ? (2).

---

(1) Le texte étant tronqué, nous ne saurions dire ce que
vient faire ici ce représentant de la classe intermédiaire entre les hommes libres et les esclaves.

(2) A Rome, on est dans l'usage de porter aux malades la
statue miraculeuse du bambino Gesu. Or, suivant que les
malades trouvent laide ou belle cette statue, on conjecture
qu'ils vivront ou mourront.

Les deux derniers présages sont relatifs au baiser donné à un mort ou reçu de lui. L'un et l'autre fait est un signe de prospérité. Pourquoi ? Nous ne saurions le dire.

17 Si un homme baise un mort, il supplantera son usurpateur.

18 Si un homme un mort le baise, bénédiction lui sera acquise.

C'est à Suse qu'a été trouvé par M. de Mecquenem le premier document anzanite connu, relatif aux Présages. Après nous l'avoir présenté par une brève introduction, le P. Scheil, dans la *Revue d'Assyriologie*, nous en donne la publication, la transcription la traduction et le commentaire (1).

Ce texte était inscrit sur une tablette d'argile brune, dont la longueur était environ de 0 m. 12 et la largeur 0 m. 16. Il en subsiste la partie supérieure, dont la face est conservée et le revers à peu près ruiné. Sur les 70 présages, nous en possédons 57, en entier, en fragments ou supposés avec certitude (2).

____

(1) XIV. Nᵒ I. *Déchiffrement d'un document anzanite relatif aux Présages*, pp. 28-59. Le P. Scheil fait suivre son travail d'un vocabulaire anzanite.

(2) La tablette se termine par une suscription. Dans celle-ci le P. Scheil croit qu'un signe équivaut au chiffre 70, indiquant le nombre de présages.

Les présages étant formulés pour les douze mois de l'année, quand une série est commencée, on peut supposer avec certitude que, complète, elle contenait douze présages. Cf., p. 53.

Pour la date de ce document, le P. Scheil ne saurait la fixer d'une façon précise. Non seulement toute indication nette fait défaut, mais les termes de comparaison manquent. Néanmoins le R. P. croit que cette tablette est de rédaction « antérieure d'assez loin aux temps achéménides ».

On possède sur un document assyro-babylonien l'équivalent de quatorze lignes de ce texte anzanite (1) et le P. Scheil croit que de nouvelles fouilles fourniront un jour un texte sémitique correspondant au reste de la tablette anzanite. En lui-même ce fait serait insuffisant pour affirmer l'existence d'un emprunt fait par les Anzanites. Mais le docte herméneute voit un indice de la chose dans la présence de mots sémitiques et de particularités propres aux textes de présages sémitiques. « De façon générale, dit le P. Scheil, nous croyons qu'en tout temps les Anzanites reçurent de leurs concitoyens de Susiane plus qu'ils ne leur donnèrent. Et ceux-ci n'étaient riches que par leur affinité avec les Babyloniens. Je mets en principe que, en matière littéraire, par exemple, en dehors du genre officiel, quand nous rencontrons deux versions parallèles d'un même texte, c'est toujours la version anzanite, qui est serve de la version sémitique, que celle-ci soit originaire ou d'Elam ou de Babylonie » (2).

Tout à fait méthodique est l'ordre de la tablette

----

(1) Tablettes du Musée britannique cotées *Koyoundjick* 2278 et 7944. Cf., p. 30.

(2) *Ibid.*, p. 29.

trouvée par M. de Mecquenem. Elle est divisée en plusieurs paragraphes ; dans chacun de ceux-ci un même phénomène est considéré, et on indique successivement les événements que présage sa production, suivant qu'elle a lieu aux douze mois de l'année. Le phénomène examiné dans Face § 1 est un *Kuzza*. Le sens de ce mot anzanite est encore incertain. Aussi le P. Scheil de s'exprimer ainsi : « *Kuzza* est-il le mot babylonien « *froid, gelée* ? » L'événement serait bien extraordinaire dans la saison d'été, tant en Susiane qu'en Babylonie. Mais ces textes ne reculent pas devant des hypothèses purement imaginaires, même en dehors de l'oniromantique » (1). Dans Face § 2 il s'agit d'une éclipse de lune (si un nuage couvre la lune) survenue le soir. C'est le même phénomène mais produit après minuit qu'envisage Face § 3. Le § 1 du Revers est dans un tel état de mutilation qu'il est impossible de saisir l'événement fatidique. Mais dans le § 2 du Revers, « les présages sont tirés des diverses situations observées chez l'oiseau UZ, qu'on croit être un volatile du genre de l'oie » (2). Autant qu'on peut en juger, en présence d'un texte aussi mutilé, cette série de présages n'embrassait pas les douze mois, bien que deux de ceux-ci soient mentionnés.

Suivant qu'il se produit à tel ou tel mois, le même phénomène est d'un heureux ou d'un triste présage. Quant aux événements annoncés ils sont de natures

---

(1) *Ibid.*, p. 37.
(2) *Ibid.*, p. 52.

tout à fait variées. Ils peuvent concerner la politique extérieure ou intérieure, l'agriculture, l'ordre privé, etc...... Ne pouvant citer en son entier le texte de la tablette, choisissons celui de la Face § 2 (1) :

Au mois de Nisan, si un nuage couvre la lune, quand le soir se fait, désolation, les gens se tueront réciproquement.

Au mois d'Adar (même phénomène), le roi se mourra et les fils du roi sur le trône de leur père s'assoiront.

Au mois de Sivan (même phénomène), du gibier sera pris.

Au mois de Duzu (même phénomène), la moisson réussira et le pays des profits copieux mangera.

Au mois d'Ab (même phénomène), Tišhu produira son inondation dans le pays.

Au mois d'Alul (même phénomène), la défaite du pays..... sera consommée, aussi les ennemis mangeront le meilleur.

Au mois de Tešrit (même phénomène), l'insurgé dans le pays mangera.

Au mois d'Arah samna (même phénomène), le Dieu (2) dans le pays mangera.

Au mois de Kislimu (même phénomène), (*idem*), (*idem*).

Au mois de Tebet (même phénomène), Tišhu inondera les ennemis dans (leur) pays.

Au mois de Sabat (même phénomène), Tišhu inondera les ennemis.

Au mois d'Adar (même phénomène), l'abattement d'Accad aura lieu.

---

(1) Nous donnons la traduction du P. Scheil, tout en suivant, pour plus de clarté, l'ordre des mois, et non celui des lignes du texte.

(2) « Le dieu dont il s'agit est mis pour la peste ou quelque autre catastrophe inéluctable », p. 48.

*
* *

« Les vestiges de construction ne sont pas suffisants pour juger l'architecture élamite ; nous n'avons pas un édifice, pas un pan complet » (1). Après cet avertissement de M. de Mecquenem, il ne faut point s'attendre à trouver sur l'Acropole de Suse des temples capables de nous renseigner sur l'éclat du culte extérieur chez les Elamites.

Les deux temples retrouvés à Suse, celui de In Susinak et celui de Nin-Ḫag-Sag, ne présentent plus en effet que leur pavé et les bases de leurs murs. La plus haute de celles-ci avait 1 m. 50, nous dit M. de Mecquenem (2). De la sorte nous n'avons plus qu'un plan assez rudimentaire de ces édifices religieux.

D'abord comment a-t-on pu reconnaître que ces restes de monuments appartenaient bien à des temples ? Et comment a-t-il été possible de discerner les divinités auxquelles ces édifices étaient consacrés ? M. de Mecquenem et le P. Scheil nous permettent de satisfaire amplement notre curiosité sur ces points. Le premier nous apprend en effet « qu'il fut trouvé dans des niches ménagées dans des murs de fondation et à leur base, huit dépôts votifs comprenant chacun une statuette de bronze et une tablette de

____

(1) *Mémoires*, T. XII, *Recherches archéologiques, 4ᵉ Série. — Constructions élamites du tell de l'Acropole de Suse*, par de MECQUENEM, p. 78.

(2) *Ibid.*, p. 71, il s'agit du mur occidental du temple de Nin-Ḫar-Sag.

pierres », qui étaient munies d'une inscription identique (1). Le second, en nous traduisant ces inscriptions, nous a révélé le destinataire et l'auteur de l'édifice. Ainsi, d'après le P. Scheil, les dépôts de fondation d'un de ces monuments ruinés donnent les renseignements suivants : « Au dieu Nin Šušinak, son roi, le divin Dungi, héros fort, roi d'Ur, roi de Kingi et Burbur, « au bosquet de fraîcheur » sa maison bien aimée (lui) a construit » (2). Quant à l'inscription des dépôts de fondation de la seconde construction, le savant dominicain nous a appris qu'elle indiquait un temple édifié par Dungi à Nin Ḫar-sag (la dame de la montagne), la déesse parèdre de Bel.

Le temple de In Šušinak était établi sur une plate-forme rectangulaire de 40 m. sur 20 m., isolée par un fossé d'environ 3 m. de profondeur. La plate-forme, sur laquelle on avait construit le temple de Nin Ḫar-sag, formait un carré d'environ 25 m. de côté, isolé par un fossé de 1 m. 50.

Grâce à la disposition des dépôts de fondation, on a pu retrouver les dimensions des temples proprement dits et de leurs sanctuaires. Pour le temple d'In

---

(1) *Ibid.*, pp. 67 et 70.

(2) *Mémoires. T. VI, pp.* 21, 23, *pl.* 6, *n°* 2. Au sujet de l'expression, qu'il traduit par « bosquet de fraîcheur », le P. Scheil dit : « On peut se demander s'il ne s'agit pas ici d'un bois sacré envisagé comme temple, excellement apte à la demeure d'un dieu élémentaire et aux rites d'une certaine *anémomantie* ou *Dendromantie*, ou en sens inverse, d'un temple envisagé comme lieu de repos, de fraîcheur. Les anciens associaient volontiers les deux termes ».

Šušinak quatre dépôts de fondation formaient un rectangle de 20 m. 70 sur 8 m. 50, c'était le temple proprement dit. Et à l'intérieur de ce grand rectangle, quatre autres dépôts de fondation indiquaient un rectangle de 8 m. sur 4 m. 90. Pour le temple de Nin Ḫar-sag, les dépôts de fondation nous montrent que le sanctuaire formait un carré d'environ 10 m. de côté (1).

Parmi les vestiges de ces deux temples, on trouve : des restes de murs dessinant des salles, des dallages de pièces ou de cours, des puits, des fragments de canalisation. Mais nous n'avons à relater ni les dimensions de ces débris, ni à chercher à les identifier. Contentons-nous de dire que, dans les fouilles de ces temples, on a trouvé quantité de documents : statues, statuettes, socles, vases de bronze, d'argent ou de pierre, coupes. C'est dans le temple de Nin Ḫar-Sag que fut trouvée la statue de Maništušu.

En s'appuyant sur les faits que les dallages étaient au nom des rois Untaš-Gal et Silhac-In-Šušinak et que dans les murs on a trouvé des inscriptions de ces deux rois, M. de Mecquenem suggère justement qu'il se pourrait fort bien que les vestiges découverts actuellement ne représentent plus les œuvres de Dungi, et cela en dépit des indications de leurs dépôts de fondation (2). Les ruines des deux temples pourraient

---

(1) Quoiqu'il ait marqué sur la figure la place des dépôts de fondation, M. de Mecquenem n'a pas indiqué les dimensions exactes du temple de Nin Ḫar Sag.

(2) *Mémoires*. T. XII, p. 68.

donc ne dater que de Untaš-Gal et de Silhac-In-Šušinak.

Si on n'est plus en état de juger l'architecture religieuse des Elamites, on peut apprécier du moins la maçonnerie de leurs temples. Or le jugement de M. de Mecquenem n'est guère satisfaisant : « Nous avons reconnu beaucoup de négligence dans les maçonneries, comme aussi de parcimonie dans les matériaux en briques cuites » (1).

Mieux que par ces vestiges de temple, nous nous trouvons renseignés sur les lieux de culte élamites-sémitiques au moyen d'un plateau de bronze mesurant environ 0 m. 60 sur 0 m. 40 et portant en ronde bosse une série de figurations. De fait, son inventeur, M. Gautier, a expliqué que cet objet et ses représentations étaient destinés à reproduire un haut lieu sémitique. Or, deux maîtres en ces questions, les PP. Lagrange et Vincent, rendent hommage à la sagacité pleine de tact de cet archéologue de la mission de Susiane. Par la Bible on sait combien les hauts lieux Cananéens exercèrent sur les Hébreux leurs funestes attractions, en dépit de l'opposition des prophètes (2).

-----

(1) « C'est ainsi que dans un mur sont entassées de ci, de là, d'énormes pierres. Les joints des briques ne sont pas alternés d'un lit à l'autre ; les murs de refend ne sont pas liés aux murs principaux ; les carreaux de dallage sont mal disposés ; les maçons élamites paraissent donc bien inférieurs à leurs confrères actuels de la région ». *Ibid.*, pp. 77 et 78.

(2) A notre connaissance, c'est le P. Vincent, dans son ouvrage *Canaan*, qui a le mieux expliqué ce qu'étaient les hauts lieux Cananéens. De fait, cet archéologue palestinien a décrit

Aussi tous ceux qui s'intéressent à l'histoire d'Israël devront souscrire au jugement de M. Gautier : « le monument de Silhac In Šušinak est bien un objet cultuel et l'ensemble des figurations reproduit fidèlement l'aspect de ce qu'était le haut lieu de Suse. A ce titre, il constitue une nouveauté sans précédent et, pour ce seul fait, méritait d'être signalé à l'attention du monde savant » (1). Le P. Lagrange ne parle pas autrement : « L'Acropole de Suse avait donc l'aspect d'un haut lieu à la manière sémitique. Il est très probable que tel est le sens d'un monument en bronze d'un intérêt exceptionnel, qui se trouve au Louvre (salle du Carrousel) et que M. G.-Et. Gautier, qui a eu la bonne fortune de le découvrir, a expliqué avec un tact parfait. Rien n'y manque de ce qui constituait un lieu de culte sémitique : deux temples, une table d'offrande à cupules, où peut-être étaient immolées les victimes, les stèles ou *masseboth*, les arbres ou *achèras*. Telle est l'impression produite par cette pièce, que le P. Vincent n'a pas hésité à la faire figurer dans son *Canaan* pour illustrer les cultes cananéens » (2).

––––––––––

les hauts lieux mis à jour par les fouilles exécutées à Tell es Safy (Geth), à Meggido et surtout à Gezer. Il traite aussi de l'autel, des masseboth, des cupules, en indiquant la signification de ces divers objets. *Canaan, Le sanctuaire cananéen*, pp. 102-119.

(1) *Mémoires*. T. XII, *Le « Sit Samsi » de Silhac In Susinak*, par J.-E. Gautier.

(2) *Les fouilles de Suse, d'après les travaux de la Délégation en Perse,Le Correspondant* du 10 janvier 1913, p. 149, ou *Mélanges d'histoire religieuse*, p. 324.

Au sujet de cet important document, M. Gautier a accompli une double tâche. Tout d'abord il a reproduit l'ensemble du plateau de bronze avec toutes ses figurations et il a représenté à part chacune de celles-ci. Ensuite il s'est efforcé d'interpréter la scène d'ensemble figurée sur ce monument, ainsi que chacune des pièces qu'il supporte. Grâce à l'amabilité du P. Vincent (1), qui, avec une parfaite bonne grâce, nous a autorisés à emprunter sa figure, nous pouvons donner ici une représentation du plateau de bronze, à l'usage de ceux qui ne peuvent l'examiner au musée du Louvre. Quant au travail d'interprétation de M. Gautier, nous le résumerons à l'usage de ceux qui n'auraient pas la facilité de consulter son écrit (2).

---

(1) C'est à la page 144 de son *Canaan* que le P. Vincent reproduit et étudie le plateau de bronze. Il introduit la citation de ce document par ce jugement. « L'aspect du haut lieu sémitique paraît avoir été fixé au mieux par une vue à vol d'oiseau sur un vieux relief en bronze exhumé du tertre de Suse ».

Comme le R. P. a donné à sa figure l'illusion du relief, elle serait plus suggestive que celle de M. Gautier, si celui-ci n'avait pris le soin de joindre à sa vue d'ensemble du plateau une reproduction isolée de chaque objet. La comparaison avec l'original atteste du reste l'exactitude des représentations de M. Gautier et du P. Vincent.

(2) M. Gautier décrit ainsi son heureuse découverte qui date de la campagne de 1904-1905 :

« Le tout était dissimulé dans un bloc de plâtre affectant exactement les dimensions des briques de l'époque élamite, et était engagé dans la construction dont, seules, quelques assises subsistaient encore. Des suintements verdâtres d'oxyde de cuivre décelèrent la présence de bronze ; mais si grande

FIGURE DU SIT-ŠAMŠI

probablement le Haut lieu de Suse

Voici tout d'abord la liste des figures dressée par M. Gautier :

a et *h* Deux monuments à degrés.

b et *c* Petits tas, figurant, peut-être, des offrandes.

e et *f* Deux piliers, dont la partie supérieure porte une saillie.

d Sorte de table très basse, parsemée de trous ou cupules.

g Deux personnages se faisant face, accroupis l'un et l'autre, complètement nus et rasés. L'un tient entre ses mains un objet qui paraît un vase, et semble en verser le contenu sur les mains de l'autre largement ouvertes.

n Grand vase.

l et *m* Auges quadrangulaires.

i Bosquet d'arbres.

k Stèle et Plate-forme.

était la dureté de la gangue qu'il nous fallut plusieurs jours et d'infinies précautions pour dégager ce curieux spécimen de l'art susien. Malgré le soin qui présida à ce travail, nous avons à regretter la disparition de parties très délicates, telles que les feuilles du bosquet sacré : en faible épaisseur, le métal avait été complètement réduit en oxyde, qui lui-même s'était incorporé au plâtre............

»Le plateau mesure environ 0 m. 60 sur 0 m. 40 et paraît avoir été coulé en deux pièces distinctes ; quelques-unes des représentations, en ronde bosse, telles que les monuments, ont été fondues d'un seul jet avec le plateau ; les autres, préparées à part, ont été rivées après coup.... Il semble, à voir les trous ménagés dans le métal, que le petit monument devait avoir été primitivement fixé sur un socle ». P. 143.

Inscription de sept lignes (1).

Toujours avec M. Gautier, commençons l'explication de ce document par l'interprétation de son inscription. Écrite en langue anzanite, celle-ci est ainsi traduite par le P. Scheil :

« Moi, Silhac In Šušinak, fils de Sutruk Nahhunte, serviteur chéri de In Šušinak, roi d'Anzan et de Suse, héros magnifique, princè du pays de Ḫatamti, un *Sit Samsi* en bronze (je fis dans le ..…..) de Suse……… (Je plaçai)………… » (2).

Deux renseignements intéressants sont contenus dans ce texte : l'un porte sur les origines de cet objet, et l'autre sur sa nature.

De l'époque de Silhac In Šušinak (milieu X^s), ce plateau n'est pas un trophée apporté d'une campagne plus ou moins lointaine ; c'est une œuvre provenant du pays susien.

La nature de l'objet représenté doit nous être manifestée par son nom, Sit Samsi. Le P. Scheil dit que très probablement ces mots sont sémitiques ; ils ne se distinguent en effet que par une très légère variante de l'expression sémitique Sit Samsi. Ce sentiment, M. Gautier le considère comme très vraisemblable. Outre que les termes sémitiques abondent dans la langue anzanite, « il serait anormal de trouver en connexion deux mots anzanites ayant une telle similitude avec la formule courante employée dans la

---

(1) Nous devons relater l'avis donné par le P. Vincent sur le choix arbitraire des signes cunéiforme de sa figure et par conséquent sur leur non équivalence à ceux de l'inscription.

(2) *Mémoires*, T. XI, pp. 58, 59. — T. XII, p. 144.

langue assyrienne » (1). Or, en langue sémitique, ces mots constituent l'expression consacrée pour marquer « le lever du Soleil ». Le P. Scheil essaie de justifier l'emploi d'un tel nom, en remarquant : « La scène se renouvelait sans doute, tous les matins au lever du Soleil, et avait pris ce nom, dans la liturgie » (2).

Interprétant ensuite les diverses figurations de ce *Sit Samsi*, M. Gautier débute par la scène principale. Dans celle-ci, il n'a pas de peine à discerner un acte d'ablution ou de purification. « Un des personnages tient en ses mains le vase *agubba*, l'autre tend les siennes, pour recevoir l'eau lustrale. L'ablution, dont il s'agit paraît avoir un caractère plus général qu'un simple lavage de mains, l'état de nudité absolue des personnages peut du moins le faire supposer ». Que cette ablution ait un caractère sacré, nous avons des indices de ce fait, soit dans la mise en scène donnée à un acte très vulgaire en lui-même, soit dans la figure rasée des personnages attestant qu'ils appartiennent à la caste sacerdotale. Ces présomptions sont fortifiées par la considération du rôle très important qui était réservé aux ablutions dans les religions sémitiques. « Il serait impossible d'énumérer les cas où l'eau joue un grand rôle dans les purifications. D'une façon générale, l'eau pure des Babyloniens équivaut à

---

(1) *Mémoires*, T. XII, p. 144

(2) *Mémoires*. T. XI, p. 59. — Delitzsch dans son Dictionnaire assyrien signale l'expression Sit Samsi comme courante pour désigner le lever du soleil. Cf. Šamaš.

l'eau sainte des Hébreux » (1). Fort de ces assertions du P. Lagrange, M. Gautier invoque des textes du Lévitique XVI 4, 24 et VIII 6 qui ordonnent au prêtre de se laver avec de l'eau avant de se revêtir des vêtements sacerdotaux pour offrir l'holocauste. Il cite surtout Exode XL 30-32 : « Moïse plaça la cuve entre la tente de réunion et l'autel et il y mit de l'eau pour la purification. Et Moïse, et Aaron et ses fils se lavèrent avec cette eau *les mains* et les pieds. Pour entrer dans la tente de réunion et pour approcher de l'autel, ils se lavaient, comme Jahvé l'avait ordonné à Moïse ». D'ailleurs, poursuit avec beaucoup de justesse M. Gautier, « nombreuses sont les allusions qu'on rencontre dans la littérature assyro-babylonienne, relativement à ces rites purificateurs » (2).

---

(1) *Etudes sur les religions sémitiques*, p. 161.

(2) Nous pouvons citer plusieurs de ces purifications empruntées aux *Textes Religieux Assyriens et Babyloniens*, de F. Martin. « Le devin verse l'eau lustrale » *agubba barû iramuk*, pp. 220, 221.

Dans la tablette rituelle K. 3245 (p. 250), il est question, des fonctions de l'enchanteur (ašipu). Or, parmi celles-ci, figure la purification du roi (šarra tukappar). Le texte ne nous explique pas bien en quoi consistait ce rite. M. Gautier est tenté de voir une reproduction de cet acte dans la scène du Sit Šamši. Remarquant la différence des types des deux personnages, il propose de reconnaître Silhac In Šušinak dans l'un d'eux. KK. 3245 (Col. V, 36), en parlant de la purification du roi, dit « avec de l'eau pure tu le purifieras » *agubba tullalsu*.

Dans son étude sur « le *Rituel du Kalu* » (*Revue d'Assyriologie*, XVII-II) M. Thureau-Dangin cite un texte provenant de Warka et daté des Sélencides, AO, 6472, où nous trouvons des renseignements intéressants sur la purification du roi.

Les deux monuments *a* et *h* doivent figurer les temples de In Šušinak et NIN ḪAR SAG. Aussi M. Gautier n'hésite pas à dire que l'aire du plateau, où se trouvent des figurations d'un acte éminemment cultuel et des grands temples de la cité, devait représenter lui-même le haut lieu de Suse. « Le culte se célébrait en plein air, de par le mode de construction des temples à degrés ; en forme d'assises superposées. Ils ne contenaient que des magasins et des logements étroits à l'intérieur. Seul, un naos exigu couronnait l'édifice à son sommet » (1).

Avec son obligeance habituelle, le P. Vincent a bien voulu nous communiquer les conclusions, auxquelles l'ont amené un examen approfondi du *Sit Samsi* de Suse. Nous prenons la liberté de faire bénéficier nos lecteurs des enseignements de ce maître si réputé en archéologie sémitique. « J'ai aujourd'hui la conviction que *h* représente non pas l'autel d'un haut-lieu sémitique dans un stade archaïque où prédomine la vie nomade ou semi-nomade, mais le *temple* d'un haut-lieu, ou plus exactement d'un sanc-

---

Parmi les rites que devait accomplir le kalu, en cas de tremblement du sol, le roi devait se purifier et se sanctifier (*litelil, litebib*). Le premier acte concernait la purification du corps, l'autre celle de l'âme. La « confession dite à haute voix à Anu, Enlil et Ea », les sacrifices et les lamentations chantées au son de la timbale tendaient à opérer la sanctification. A la purification physique devait appartenir le rite : « il se fera raser le poil de son corps, dans un vase tu l'enfermeras ». l. 17, 24, 25, p. 89.

(1) *Mémoires*. T. XII, p. 149.

tuaire sémitique urbain, où les éléments frustes de l'installation religieuse antique et traditionnelle prennent un caractère monumental. Vous aurez remarqué, en étudiant les installations religieuses de l'Ancien Orient sémitique, avec quelle fixité constante *temple* et *ziggurat* sont associés dans le domaine assyro-babylonien, chaldéen, élamite. La ziggurat, c'est en quelque manière le symbole matériel de la présence du dieu ; le temple, qu'on lui juxtapose, c'est l'habitat humain, terrestre du dieu. Mais cet habitat, cette maison du dieu, à l'inverse de nos temples, n'est pas le *lieu du culte* courant : elle est de caractère inviolable et privé ; le culte s'accomplit à proximité, autour, en plein air, dans « l'enceinte sacrée ». Je suis persuadé aujourd'hui que le « haut lieu de Suse », ainsi que Gautier a très justement appelé cet admirable bronze, concrétise merveilleusement, sous la forme monumentale adaptée à une agglomération urbaine aussi brillante que celle de Suse, aux jours de Silhac-in-Šušinak, le dispositif traditionnel du haut lieu sémitique : la ziggurat a y est substituée à ce qui fut primordialement, — aux jours du nomadisme — l'emblème divin, pierre ou arbre, montagne sacrée, etc.. ; $h =$ le temple, correspond à l'abri naturel ou artificiel primitif, créé à côté du symbole divin ».

On le voit, l'interprétation bien mûrie du P. Vincent correspond pleinement à celle de M. Gautier. Il n'y a qu'une petite variante, portant sur l'identification précise des monuments a et h. Tandis que le savant dominicain y voit une ziggurat et un temple, M. Gautier est incliné à y reconnaître les temples, dont les fouilles ont révélé la présence à Suse, ceux de In Šušinak et de NIN ḪAR SAG. Mais, comme l'inscription du plateau de bronze lui-même est muette sur cette dernière identification, on pourrait la sacrifier assez facilement.

En cet ordre d'idées, M. Gautier voit des offrandes de céréales dans les petits tas coniques (*b* et *c*), qui sont disposés près des deux faces latérales du grand temple. En avant de cet édifice, il reconnaît la table d'offrande (*d*) avec ses deux rangées de cupules. De chaque côté de cette table seraient les piliers sacrés (*e* et *f*). Ceux-ci tiendraient lieu des *Khammanim*, dont parle la Bible, à propos des hauts lieux (Lev. XXVI 30 ; Isaïe XVII 8, XXVII 9 ; II Chron. XIV 4, XXXIV 4) et qui, d'après l'étymologie de leur nom, représenteraient les colonnes, entre lesquelles passe le soleil (1). La grande jarre, poursuit M. Gautier,

---

(1) Après M. Gautier, citons le passage dans lequel le P. Lagrange montre comment on est arrivé à déterminer un rapport entre les *Khammanin* bibliques et le soleil : « Que signifie le mot *Khammanin* et peut-il nous éclairer sur le rôle de ce qui nous paraît être des piliers ? Raschi l'expliquait : « colonne du soleil » ; le soleil se dit en hébreu, quoique rarement, khamma. (Job XXX 28, Cant. VI 10, Isaïe XXIV 23, XXX 26) ; et cette explication ne peut plus guère être douteuse, depuis que Palmyre a fourni une inscription, où un khammana, en même temps qu'un autel, est fabriqué et offert au Soleil, dans le but d'obtenir sa protection. Un objet quelconque pourrait être consacré au Soleil, mais ici la rencontre avec l'étymologie donne un accord satisfaisant ». *Études sur les Religions sémitiques*, p. 214.

fait penser à la mer d'airain du temple de Jérusalem. Les quatre troncs d'arbres alignés, dont les feuillages ont complètement disparu, rappelleraient le bosquet sacré « qui paraît avoir toujours accompagné le hauts lieux ». Les deux cuves rectangulaires (*m* et *l*) placées derrière les arbres, ou bien auraient été destinées à recevoir des offrandes liquides, ou bien seraient des réservoirs contenant l'eau nécessaire à l'irrigation du bosquet ; (*k*) est une stèle analogue à celles que l'on a trouvées notamment sur les hauts lieux de Tell-es-Safy, de Megiddo, de Gézer et dont le P. Vincent s'est efforcé de déterminer le rôle (1). Quant à la plate-forme de *k*, elle ne donne lieu qu'à de vagues interprétations.

Pour clore cette description du *Sit Samsi* de Suse, nous n'avons qu'à faire nôtre la conclusion que M. Gautier apporte lui-même à son travail. « De cette étude détaillée, résulte une impression très précise ; le monument de Silhac In Susinak est bien un objet cultuel, et l'ensemble des figurations reproduit fidèlement l'aspect de ce qu'était le haut lieu de Suse » (2).

M. Toscanne a publié une longue étude sur « *le serpent, figure et symbole dans l'antiquité élamite* » (3). Vivement impressionné par le grand nombre de représentations du serpent, qu'il a vues ou cru voir sur

---

(1) *Canaan, Ch. 11, Les lieux du culte en Canaan*, pp. 102-151 : idée phallique, maison du dieu (p. 128), autel (p. 135).
(2) *Mémoires.* T. XII, p. 151.
(3) *Ibid.*, pp. 153-228.

quantité de petits monuments ou de vases peints, M. Toscanne déclare : « Pour être représenté sur des monuments aussi nombreux que variés, il faut certainement que le serpent ait joué un rôle bien important dans l'esprit des vieux peuples et notamment du peuple élamite » (1).

Chose plus importante, cet archéologue croit discerner, sur des pièces de poteries ou sur de petits objets susiens, des scènes analogues à celles que racontent les trois premiers chapitres de la Genèse. C'est ainsi qu'il signale comme sujets communs aux deux documents : l'arbre de vie et le serpent, le serpent et la tentation de la femme, des serpents gardant une porte à travers laquelle un arbre est aperçu, un trident posté devant une porte cintrée équivalent au glaive de flamme placé à l'entrée du paradis, le palmier représentant peut-être l'arbre de vie..... Pour mieux mettre en valeur le bien fondé de ces rapprochements, M. Toscanne cite souvent des textes du livre génésiaque. Finalement il donne à son étude la conclusion suivante :

« Il est évident que si un texte avait accompagné ces figurations, il eût été beaucoup plus facile d'expliquer les symboles représentés sur les monuments et dont souvent la portée nous échappe. Cependant le narrateur ou les scribes qui ont écrit la Genèse n'ignoraient pas les traditions antérieures ; les vieilles légendes leur étaient parfaitement connues, et

---

(1) *Ibid.*, p. 154.

s'il y a contradiction dans l'exposé du texte, ceci n'est qu'un détail.

» Jusque là, ces passages bibliques n'étaient point affirmés ou reproduits dans leur entier par des figurations ; mais les monuments découverts, surtout dans l'hiver 1908-1909, à Suse, jettent un nouveau jour sur la véracité de ces récits et établissent d'une manière certaine l'antériorité de ces légendes, et de beaucoup sur la rédaction du texte biblique.

» Le narrateur a donc parfaitement connu, soit oralement ou par certains écrits, le récit archaïque et authentique des vieilles traditions de la Basse-Chaldée ; il a fait siens ces récits, mais ne les a peut-être point toujours rapportés avec justesse » (1).

A ces conclusions, nous avons plusieurs critiques importantes à faire. D'abord, c'est avec une extraordinaire facilité que M. Toscanne a vu des serpents sur la poterie susienne. Beaucoup de visiteurs de la salle du Carrousel ont été moins privilégiés que lui. Ne parvenant point à découvrir de tête à l'extrémité de quantité de lignes sinueuses, ils se sont rangés à l'avis de voir dans celles-ci, soit des motifs de décoration, comme le pense M. Pottier, soit, pour quelques-unes, des signes proto-élamites, ainsi que l'a suggéré le P. Lagrange (2).

___

(1) T. XII, p. 192.

(2) Nous conseillons à nos lecteurs d'aller au Musée du Louvre tenter l'expérience. Du reste, sur la belle aquarelle de M. Bondoux, représentant un vase peint de la nécropole de Suse et reproduite à la fois au t. *XII, pl. V et au* t. *XIII. pl. XXIV des Mémoires*, ils pourront s'exercer à repérer des serpents.

De plus, M. Toscanne exagère beaucoup trop la ressemblance entre les scènes des documents trouvés à Suse et celles qui sont décrites dans Gen. I-III. Ensuite, la date des fragments contenant les figures n'étant nullement certaine, on ne saurait dire qu'ils prouvent un emprunt fait par l'auteur de la Genèse aux sources chaldéennes. Enfin il est tant soit peu hardi de prétendre que les légendes ou récits antiques sont exprimés plus fidèlement sur la céramique de Suse que dans la Genèse.

Que M. Toscanne ait beaucoup trop accentué les ressemblances entre les figurations des débris de la poterie susienne et les scènes narrées dans Gen. I-III, c'est l'avis unanime de tous, et surtout de ceux qui ont pu examiner les pièces elles-mêmes. A l'appui de cette assertion, contentons-nous de citer deux autorités hors de pair. Le conservateur de la céramique antique du Musée du Louvre, M. Pottier, s'exprime ainsi : « La même confusion entre l'art décoratif céramique et l'art spécifiquement symbolique des monuments religieux me paraît avoir guidé M. P. Toscanne dans ses Etudes sur le Serpent du t. XII, pp. 153 sq. Je ne saurais souscrire pour ma part à la plupart des explications qui y sont proposées » (1). Le P. Lagrange estime ainsi les choses : « On ne saurait interpréter avec précision les mythes que les Susiens ont représentés sur leurs vases. Il serait prématuré d'y retrouver des traditions qui nous sont connues par

______

(1) *Mémoires*. T. XIII, 59.

la Bible. Mais la ressemblance des sujets avec ceux de la Chaldée, que nous avons constatée déjà, indique les mêmes idées religieuses » (1).

Pour montrer combien sont fondées les observations de M. Pottier et du P. Lagrange, nous citerons deux exemples des rapprochements arbitraires que M. Toscanne se permet de faire, A cet effet voyons comment cet auteur identifie le palmier des poteries susiennes avec l'arbre de vie génésiaque et examinons comment il essaie de trouver une place dans les récits bibliques des origines pour le bouc, qui figure si fréquemment sur la céramique de Suse.

Pour M. Toscanne, le palmier doit être envisagé comme l'arbre de vie, soit à cause de sa grande utilité, soit à cause de son mode de fécondation. « Peut être, dit cet archéologue, a-t-on voulu représenter par sa fécondation, qui a tant de rapports avec la généra-tion humaine, le renouvellement de la vie par l'union des deux sexes..... Est-ce que l'arbre sacré n'est pas appelé arbre de vie ? » (2). On le voit, l'identification du palmier susien avec l'arbre de vie génésiaque re-pose sur des fondements bien fragiles. De plus, dans le récit biblique, l'arbre de la science du bien et du mal a plus d'importance que l'arbre de vie ; pour-quoi donc M. Toscanne ne s'est-il pas efforcé de recon-naître dans l'arbre au fruit défendu, le palmier repré-senté sur la céramique de Suse ?

_____

(1) *Mélanges d'histoire religieuse, les Fouilles de Suse*, p. 325.
(2) *Mémoires*, T. XII, p. 219.

Le bouc ou bouquetin apparaît sur maints débris de vases susiens et sur quelques cylindres. Tantôt cet animal est représenté comme se tenant seul auprès du palmier. Tantôt au contraire le bouc et le serpent figurent dans une même scène (1). Or, tout le monde sait que le bouc ou bouquetin n'apparaît nullement dans les premiers récits génésiaques. Comment donc, malgré cette importante divergence, M. Toscanne va-t-il prouver que le narrateur de la Genèse a « parfaitement connu les vieilles légendes de la Basse-Chaldée ? » et « qu'il a fait siens ces récits ? » Qu'à cela ne tienne ! Ce mythologue va plaider l'équivalence du serpent et du bouc. « Nous savons que le bouc est un animal impur, aussi l'a-t-on chargé des péchés du peuple ; de plus n'est-il pas nuisible du fait qu'il broute les jeunes pousses des arbres, et par là supprime toute production de fruits ? » (2). Et plus loin, ce même auteur ajoute : « Il est probable que le palmier était considéré comme l'arbre de vie par excellence dans un pays où son fruit était pour les habi-

---

(1) Le bouquetin et l'arbre sacré, p. 163, f. 247 et 248. — Le bouc, l'arbre de vie, l'aigle (cylindre), p. 171, f. 281. — L'aigle et le bouquetin, p. 172, f. 284 (cyl.). — Lutte entre le serpent et le bouquetin, p. 168, f. 261 et 262 — L'homme à deux têtes, le serpent et le bouc, p. 176, f. 304. — Le bouc, le serpent, une étoile, l'arbre de vie, le croissant lunaire, p. 182, f. 321 et 322.

Sur plusieurs pièces de la céramique Susienne, on pourra admirer les cornes fantastiques et aux nombreux enroulements que portent les boucs.

(2) *Ibid.*, p. 182.

tants d'une si précieuse utilité. Le bouquetin, animal nuisible, fut pris comme symbole du mal, attendu qu'il causait de véritables dégâts parmi les jeunes arbustes » (1). Mais, si le bouc était pour les sémites l'emblème du mal, on peut donc affirmer qu'à ce point de vue il équivaut au serpent. Par conséquent on ne doit point s'étonner, ni de ce que les artisans de Suse aient représenté l'arbre de vie tantôt avec le serpent et tantôt avec le bouc, ni de ce que l'auteur de Gen. I-III ait préféré présenter le seul serpent auprès de l'arbre sacré.

Certes M. Toscanne ne manque pas d'imagination. Mais il est bien difficile d'admettre que les conceptions émanées de sa riche faculté correspondent exactement aux idées des Elamites-Sémites. Si ceux-ci ont considéré le bouc comme l'emblème du mal, parce qu'il broute les arbustes, pourquoi l'ont-ils représenté auprès d'un palmier auquel il ne semble point toucher. Et surtout si le bouc était, pour les Susiens, le symbole du mal pourquoi l'ont-ils représenté à côté du serpent ? pourquoi ont-ils figuré la lutte de ces deux animaux ?

Ces remarques suffisent à montrer que le narrateur des premiers chapitres de la Genèse n'a pas puisé servilement à la source des légendes de la Basse-Chaldée. Sans multiplier les exemples des interprétations peu fondées, outrées et inconséquentes de M. Toscanne, nous terminons ici notre examen des nouvelles fouilles de Suse au point de vue religieux.

____

(1) *Ibid.*, p. 209.

CHAPITRE IV

Point de vue juridique et économique

Tout d'abord nous devons rappeler que l'on a trouvé à Suse différents passages du code de Hammourabi écrits en babylonien sur des fragments de diorite (1).

Un premier résultat de cette découverte a été de justifier l'hypothèse de l'existence à Suse de plusieurs stèles de diorite portant l'inscription du célèbre code, comme celle qui orne déjà notre musée du Louvre. Du même coup, ce fait renforce l'opinion de la large diffusion du recueil des lois civiles de la Chaldée.

A la vérité les nouveaux textes ne nous ont pas appris grand'chose. Presque tous reproduisent avec de rares et de minimes variantes des passages déjà connus par la stèle du Louvre ou par d'autres frag-

____

(1) *Mémoires.* T. X, pp. 81-84.

ments. Tel est le cas des §§ 32, 35 (fin), 36, 60, 61, 62, 125, 126, 128, 129, 278 et des courts fragments de l'épilogue. Cependant la nouvelle découverte a servi pour deux articles compris dans la lacune de l'exemplaire placé au Louvre. Assurément le texte de ces lois nous avait été manifesté par des tablettes d'argile inscrites en assyrien ; mais les fragments de diorite de Suse ont permis de mieux comprendre ou de compléter les documents assyriens. C'est ainsi que, grâce à la nouvelle découverte faite à Suse, nous avons un texte plus complet et par suite plus clair du § 66, relatif à un débiteur dépourvu d'argent mais possesseur d'une palmeraie, que celui que nous avait livré Rm 277. Pour le § 71, qui se rapporte à l'achat d'une maison hypothéquée ou grevée, c'est en réunissant les débuts des lignes fournis par le fragment de diorite à leurs finales contenues sur la tablette D. T. 81, que nous possédons son texte complet. L'article 72 étant incomplet, nous devons arrêter là l'indication des ressources fournies par les fragments juridiques de Suse pour diminuer la lacune de la stèle du Louvre (1).

Bien autrement intéressants, que l'apport de ces débris du code de Hammourabi, sont les résultats

---

(1) On trouvera les fragments assyriens Rm. 277 et DT 81 et leur traduction de SCHEIL, dans *Mémoires*, T. IV, pp. 48-52. Nous nous abstenons de donner la traduction des §§ 66 et 71 d'après les fragments babyloniens. Cette version isolée ne serait pas d'une grande utilité. On la trouvera du reste jointe à celle du code complet.

fournis par la traduction de deux tablettes du Musée
de Philadelphie, que le P. Scheil vient tout récemment de nous livrer (1). Quoique cette découverte
n'appartienne pas directement aux fouilles de Suse,
Niffer (Nippur) étant le lieu de sa provenance, nous
devons en parler tant soit peu ici, à cause de ses rapports avec le code Hammourabi, sinon à cause de son
importance intrinsèque.

« Fragments d'un code pré-hammourabien, en rédaction Sumérienne », tel est le titre donné par V.
Scheil aux textes dont il est le premier traducteur.
Et sur la provenance de ces précieux documents, il
nous marque simplement : « Tablettes du Musée de
Philadelphie 8324, 8326. Origine : Niffer. Editeur :
Lutz, *Selected Sumerian and Babylonien Texts*, *pl.*
CVIII -CIX ».

Les articles contenus dans ces tablettes sont au
nombre de seize, dont dix sur la première et six sur
la seconde. Il est à noter cependant que les derniers
articles de chaque tablette, c'est-à-dire les §§ 10 et
16, nous sont parvenus avec de telles lacunes qu'ils
sont inintelligibles.

La première tablette traite des biens de la fortune,
tandis que la seconde résout certains cas se rapportant à la famille.

---

(1) *Revue d'Assyriologie*, *XVII*, *N°* 1 (1920), pp. 27-43.
Quoique ce recueil donne la traduction de plusieurs documents, pour les présentes tablettes, il ne publie que le facsimilé de l'original. C'est donc au P. Scheil que revient l'honneur d'avoir le premier révélé l'existence de ce nouveau code,

Ne jugeant point à propos de reproduire ici la traduction du P. Scheil, nous nous contenterons d'analyser la teneur de chaque tablette.

Les vergers, les esclaves, les maisons, les cas de catastrophe ou d'impuissance, tels sont les sujets traités dans la première tablette. Relativement aux vergers, il est légiféré : sur *un terrain vague à planter en verger* (§ 1) ; sur *le délit de pénétrer dans le verger ou dans la culture d'autrui* (§ 2) ; sur *un arbre coupé* (§ 3). A propos des esclaves, cette tablette résout le cas de la *faute d'avoir donné asile pendant un mois à un esclave fugitif* (§ 5), et celui de *la contestation par un esclave de son état de servitude* (§ 6). Pour les maisons, il est statué sur le *droit d'agrandir une maison avec le terrain vague avoisinant* (?) (§ 4), et sur *le profit tiré par un autre que son propriétaire, celui-ci ayant refusé de payer la taxe* (§ 9) (1). Enfin on *délie de toute responsabilité en cas de fuite, en cas de maladie* (§ 7) et *en présence d'un état d'impuissance déclaré* (§ 8).

Les questions familiales envisagées dans la seconde tablette se rapportent : *à l'héritage des enfants de deux épouses successives* (§ 11), *à la non participation des enfants d'une esclave à l'héritage paternel réservé aux seuls enfants de l'épouse* (§ 12), *au sort des enfants d'une esclave épousée après la mort de l'épouse* (§ 13), dans le cas *où un homme, n'ayant pas eu d'enfant de son épouse, en a engendré d'une prostituée, en lieu public, à*

---

(1) Les seuls mots que nous possédons du § 10 « si un maître de maison », prouvent que dans cet article il était encore question de maison.

la situation de cette femme et de ces enfants (§ 14) *au sort de la femme coupable d'une tentative d'adultère* (§ 15).

Par rapport aux articles du code de Hammourabi, on peut distinguer ces lois en trois classes : celles qui leur sont identiques, celles qui ne leur sont qu'en partie semblables et celles qui leur sont tout à fait étrangères. Dans la première catégorie nous pouvons ranger les §§ 1, 3, 11, 12 qui équivalent à C. H., §§ 61, 59, 166, 171. Il y a seulement de l'analogie entre § 5 et C. H., §§ 15 et 16, entre § 6 et C. H., § 282, entre § 8 et C. H., § 266, entre § 15 et C. H., § 129. Enfin les §§ 2, 4, 7, 9, 13 et 14 sont étrangers au code de Hammourabi. Cependant, pour cette dernière classe, il est sage de remarquer avec le P. Scheil que les §§ 2, 4 et 9, qui sont relatifs aux vergers et aux maisons pouvaient se trouver dans la lacune du code de Hammourabi, où ces matières, nous le savons, étaient traitées.

Pourquoi le P. Scheil considère-t-il comme pré-hammourabien le code, auquel ces fragments appartiennent, les tablettes 8284 et 8326 ne portant aucune mention de date ? Le R. P. s'est appuyé à la fois sur la langue et sur l'écriture. Assurément le sumérien a été employé postérieurement à Hammourabi. Nous possédons par exemple des contrats rédigés en cette langue, datés de la première dynastie babylonienne et notamment des successeurs du grand monarque. Cependant, après ce dernier, le sumérien devint une langue désuète. Ainsi dans les contrats et les procès de cette époque rédigés en sumérien, on trouve des sémitismes. Or, dans les tablettes en question, il n'y en a qu'un seul (miqtum § 7). De plus, si on conçoit l'usage d'une langue désuète pour des actes d'ordre privé, comme des contrats ou des procès, on n'imagine pas le recours à une telle langue pour un document public, comme l'est un code.

Ces indications tirées de la langue ont été confirmées par l'écriture. Sur le fac-similé des tablettes 8324 et 8326, le P. Scheil a pu facilement constater que l'archaïsme des signes dénotait un temps antérieur à celui de Hammourabi.

A ces arguments extrinsèques, nous croyons pouvoir ajouter le témoignage de la critique interne. A notre sens, la comparaison des tablettes sumériennes avec le code de Hammourabi favorise l'opinion de ceux qui voient dans celui-ci une œuvre postérieure.

Si l'on rapproche les articles semblables des deux documents, on constate aisément que la rédaction du C. H. est bien plus complète, bien plus précise, et par suite bien plus explicite ; la chose est particulièrement évidente pour les §§ 11 et 12 des tablettes et les §§ 166, 170, 171 du C. H. Or, il semble que l'on soit autorisé à prétendre que les lois les plus claires n'ont été formulées que plus tardivement.

De plus, pour les articles des tablettes ayant seulement de l'analogie avec ceux du C. H., nous constatons que, dans le document sumérien, les cas envisagés sont plus généraux et que les sentences sont plus conformes au droit naturel. Ainsi le § 5 traite du recel de l'esclave de tout propriétaire, tandis que C. H. §§ 15 et 16 ne considèrent la fuite et le recel que d'un esclave de muškenu. De plus la sanction du § 5, c'est-à-dire la restitution d'un esclave, ou, en cas d'impossibilité, le paiement de 25 sicles d'argent, nous paraît beaucoup plus conforme au droit naturel que la mort du receleur (C. H., §§ 15, 16). A l'esclave qui conteste son état de servitude, il nous semble beaucoup plus logique de prouver la chose et d'infliger la peine de la vente, § 6, que de lui imposer l'abscission de l'oreille, C. H., § 282. Tandis que les tablettes sumériennes, §§ 7, 8, envisagent les cas généraux de maladie et d'impuissance morale, le code hammourabien ne traite que des cas particuliers de la foudre et du lion ayant causé du dommage dans les troupeaux, §§ 243 et 266. Ce sont des cas très communs résolus d'une façon tout à fait conforme à la justice naturelle que les §§ 13, 14, 15. On peut donc conclure que le code qui a traité les cas les plus généraux et qui a formulé les sentences les plus simples est antérieur à celui qui a envisagé les situations plus spéciales et les a résolues d'une manière plus compliquée. On s'explique parfaitement que le code de Hammourabi n'ait pas traité certains cas simples et communs, si l'on suppose que, pour régler de telles affaires, les juges pouvaient s'appuyer sur des lois ou des coutumes antérieures. On ne concevrait pas au contraire qu'un législateur ait statué sur des points spéciaux, s'il n'avait pas eu conscience que les cas généraux et communs étaient envisagés par une législation précédente.

Mais si le code, dont dépendent les tablettes sumériennes, est réellement pré-hammourabien, il est évident qu'il pâlit le génie juridique que s'attribue si complaisamment le grand monarque de Babylone. On possède en effet une nouvelle et très forte preuve que son œuvre est beaucoup moins originale qu'il le prétend. Il existe une œuvre législative pouvant très bien supporter la comparaison avec son code. Sans insister sur ces considérations, revenons aux fouilles de Suse (1).

------

(1) Nous avions rédigé cet aperçu sur le code Pré-Hammourabien, quand nous est parvenu, par les soins du P. Scheil, un travail sur le même sujet de *Langdon*, lu d'abord à *la Conférence des Orientalistes* à Paris (Juillet 1920) et paru ensuite dans le *Journal of Royal Asiatic Society* (octobre 1920). Ayant demandé à Philadelphie une meilleure collation des textes, l'assyriologue anglais a pu faire, une lecture plus exacte des articles. Il en résulte une interprétation préférable pour certaines lois. Les principales variantes portent sur § 2, *négligence d'un jardinier dans la culture d'un jardin ;* § 4, *négligence d'un mur mitoyen entre une maison et un terrain vague ;* § 9, *fausse accusation ;* § 10, *soustraction du propriétaire d'une maison à la charge de la taxation.*

Aux deux tablettes sumériennes traduites par Scheil, Langdon ajoute celle que le Prof. A. Clay a traduite en 1915 (*Clay N° 28*). Celle-ci contient 9 lois se rapportant : *à l'avortement par suite de heurts ou de coups, aux avaries causées à un bateau loué, à l'infidélité dans l'adoption, au mariage par rapt, et aux obligations du bouvier.*

Pour la date des tablettes sumériennes, les conclusions de Langdon coïncident avec celles de Scheil.

Nous avons fait une étude approfondie sur les fragments du code sumérien. Ce travail paraîtra prochainement dans la revue belge « le Museon ». Nous avons l'intention aussi de le publier sous peu dans un ouvrage dont le Code de Hammourabi fera l'objet principal.

Dans les textes publiés et traduits dans les tomes X, XI et XIV des *Mémoires* nous avons trouvé pleine confirmation de ce que les volumes précédents de cet ouvrage nous avaient appris sur la dignité et la capacité juridique des femmes. Toujours nous avons rencontré la monogamie. Nous avons eu occasion, en traitant du point de vue religieux, de citer des textes montrant que Silhac In Šušinak, notamment, était monogame et qu'officiellement, du moins, il chérissait son épouse et ne reconnaissait pas d'autres enfants que les siens (1).

En parlant des constructions et des réparations de temple, nous avons cité l'exemple du temple bâti par la reine Mekubi, épouse de Kal Ruhuratir, à sa déesse Innina, « pour le salut de sa vie » (2).

Dans le Kudurru de Melišihu (1140-1130) nous avons une preuve manifeste du droit qu'avaient les femmes de posséder des immeubles (3). Ce monument

---

(1) *Supra*, p. 42.

(2) *Supra*, p. 54. Cf. p. 26.

(3) *Mémoires*. T. X, pp. 87-94. A propos d'un acte de donation inscrit sur un kudurru, F. Thureau-Dangin donne d'excellentes explications sur les kudurrus, dont quelques-unes doivent trouver place ici.

« Ce gros galet ovoïde, qui porte, outre une longue inscription cunéiforme, des représentations d'emblèmes divins, n'est autre chose qu'un titre de propriété. L'usage s'est établi de désigner les monuments de ce genre par le terme babylonien de *kudurru* ou « pierre bornale » que quelques textes leur appliquent. (En note, T.-D. fait observer que l'on possède des kudurrus d'argile.) Ce n'est pas que ces galets aient servi efest en effet relatif à des donations de terres et de villages faites par le roi Melišihu à sa fille Hunnubat Nanaï. Il contient un bas-relief et une inscription fort suggestifs, aussi demandons-nous à nos lecteurs la permission de nous étendre un peu sur l'un et l'autre.

---

fectivement de bornes ; ils n'avaient à cet égard qu'une valeur purement symbolique. Il importe, en outre, de noter que le terme le plus communément employé par les Babyloniens est celui plus général de *naru*, dérivé du sumérien *na-ru-a*, qui signifie « pierre levée, stèle ». Les koudourrous ne sont pas tous faits de ces pierres roulées que leur poli naturel permettait d'utiliser sans apprêt spécial : une bonne partie sont des stèles taillées, de formes et de dimensions assez différentes... Ces titres de propriété sont généralement des actes royaux de donation, dont le bénéficiaire est un enfant du roi, soit un prêtre du temple, soit quelque serviteur que le roi veut récompenser. Les koudourrous n'offrent généralement que peu d'exemples d'actes passés entre simples particuliers (actes de donation, de vente ou d'échange)....... La seule propriété qui, dans la très grande majorité des cas, soit en cause, c'est la propriété immobilière ou rurale. Cependant la propriété mobilière n'est pas entièrement étrangère aux koudourrous, où elle est parfois représentée par des parts dans les revenus des temples ; ces parts, attachées à la possession des charges sacerdotales, et transmissibles avec ces charges par héritage, vente ou donation, sont, dans une certaine mesure, comparables à nos valeurs mobilières.

» Nous avons assimilé les koudourrous à des titres de propriété. A vrai dire, ces documents n'étaient pas des titres de propriété au sens rigoureux et précis du terme. Seul, un acte scellé pouvait être un véritable titre juridique. Il existe de fortes raisons de penser qu'en règle générale, avant d'être gravé sur la pierre, l'acte était inscrit sur une tablette d'ar-

Placé au sommet de l'une des faces du kudurru, le bas-relief le plus intéressant expose la scène de la présentation par Mélišihu de sa fille à Nanaï. Cette déesse, coiffée d'une couronne à double rang et revêtue d'une robe à nombreux volants, est assise sur un trône, étendant les mains vers ses visiteurs. Devant elle se trouve une sorte de pieu ou de tige équivalant, d'après le P. Scheil, à un brûle-parfum ou à un de ses emblèmes. Mélišihu amène sa fille d'une main, tandis qu'il tient l'autre élevée en signe de prières. Plus petite que son père de près de la tête, Hunnubat Nanaï tient dans sa main restée libre une harpe que le P.

---

gile, scellée du sceau du vendeur ou du donateur, ou de l'autorité, quelle qu'elle fut, qui attribuait ou concédait la propriété..... Il semble bien ressortir des textes précités que, seule, la tablette restait entre les mains de l'intéressé. L'usage de placer la stèle dans un temple pourrait avoir été assez général : on le trouve attesté sur deux autres koudourrous de Suse. Cet usage peut s'expliquer en partie par la préoccupation d'assurer la publicité de l'acte, mais surtout et en outre il est en rapport avec le *caractère religieux* qui paraît s'être attaché à cette classe de monuments. Tout fait croire en effet que le koudourrou avait une *valeur beaucoup plus religieuse que juridique* : ce n'était pas, comme la tablette scellée, un titre que l'ayant droit pût faire valoir en justice, c'était un objet consacré qui contribuait à donner au lien juridique la force d'un lien religieux. Ce caractère religieux est particulièrement manifeste dans les longues imprécations qui forment, sur les koudourrous, l'habituelle conclusion du texte juridique, ainsi que dans les représentations sculptées qui symbolisent les puissances divines, auxquelles les imprécations font appel ». *Un acte de donation de Marduk-zakir-sumi*, par THUREAU-DANGIN, *Revue d'Assyriologie*, XV-3, pp. 117-120.

Scheil croit heptacorde. Le roi est vêtu d'une longue tunique bordée de franches, sanglée à la taille par une ceinture et maintenue par des bretelles croisées. Sa fille semble plutôt drapée dans une large bande d'étoffe ou dans un châle. Tandis que Mélišihu est coiffé d'une mitre conique, Hunnubat Nanaï paraît porter un simple bandeau ou une couronne assez petite. Au-dessus de cette scène sont gravés les astres-symboles d'Ištar, de Sin et de Šamaš.

Evidemment, par sa présentation accompagnée de prières, Mélišihu prétend obtenir de la déesse qu'elle prenne sa fille sous sa protection et qu'elle veille au maintien de l'intégrité de sa donation. Cette approche de la divinité par une femme est bien significative en faveur de la dignité des personnes de ce sexe. Mais nous avons aussi une preuve du crédit incomparable des rois auprès des dieux, dans le fait que le roi sert d'intermédiaire entre la déesse et sa fille. La chose sera encore plus remarquable, si, avec le P. Scheil, l'on considère comme probable le sacerdoce de Hunnubat Nanaï. A notre connaissance, cette stèle offre la première représentation d'un contact même médiat de la divinité avec une femme.

L'inscription de ce kudurru rapporte une double donation. La plus importante est relatée en sept colonnes, dont les trois dernières ont été martelées. L'objet de la première donation est un champ de 4 ou 40 gur (1) d'emblavure et trois villages. Celui de

----

(1) Le signe étant effacé en partie, le P. Scheil n'a pu discerner s'il s'agit de 4 ou 40 gur.

la seconde est un verger de 3 gur. Mais il nous faut analyser la teneur de ce kudurru, en citant la traduction du P. Scheil pour les passages offrant des particularités intéressantes sur les usages et les mœurs des Chaldéens.

Dans un champ, ayant 4 (ou 40) gur d'emblavure, situé dans la préfecture de Malgi, Mélišihu installa un système d'irrigation et un réservoir, de façon à en faire un terrain arable (Col. I, 1-11). Ce champ, ainsi que trois villages, Mélišihu les donna à Hunnubat Nanaï, sa fille, par documents scellés (12-18). Ces villages Mélišihu les exempte de charge, de corvée, d'impôt et de privation d'eau (19, Col. II, 8). Il scelle la tablette exprimant ces franchises et la donne à sa fille (9-11) (1).

Puis le roi inscrit sur une stèle (*narua*) l'objet de sa donation et il la place pour toujours dans le temple de Nana, devant cette déesse (12-15).

Aux préposés des pays voisins (de la mer et de Malgi) et aux fonctionnaires du palais, qui n'auront pas convoité ces villages et cet apanage, ne leur auront pas nui, auront gardé la stèle (2) placée devant Nanaï

---

(1) Cette tablette qu'il scelle n'est évidemment pas le présent kudurru. Mais c'est la tablette d'argile remise aux mains de l'intéressé. Appelé *narua*, le kudurru est en effet placé devant Nana. Dans ce texte, nous avons une excellente confirmation des explications de Thureau-Dangin.

(2) Dans le texte on lit les idéogrammes *SA NA* que le P. Scheil propose de rendre par *sikna* (*sikin*) ou *niqnaq*. Remarquant que le kudurru est exprimé plusieurs fois dans cette inscription par *aban* NA-RU-A, et cela à côté de la dénomi-

et n'auront rien contesté, — que bénédictions d'Anu
et de Ninni soient accordées ! (16, Col. III. 8).

> Que Anu et Ninni le regardent favorablement !
> Qu'ils prolongent ses jours nombreux !
> Qu'ils fassent abonder ses années de prospérité !
> Qu'ils lui procurent des projets de bonheur ! (Col. III, 4-8)

Mais, celui qui se dispose à ravir ces villages et
à violer ces champs (9-17), ou qui brise, cache, déplace, jette dans l'eau ou au feu cette stèle, ou bien
efface son inscription (18-29), ou qui viole et annule
ses prescriptions en prenant pour des corvées le
bétail de ces villages (30-34), en astreignant leurs
habitants à un impôt royal, même léger (35-36), en
endommageant l'appareil d'arrosage, de façon à pri-
ver les champs d'eau (Col. IV, 1-4), ou qui
suscite une contestation, même, à cause de ces
malédictions, par un autre (5-8) (1), celui-
là, que les grands dieux le maudissent et le
châtient ! que Anu, Enlil, Ea lui envoient des jours
mauvais et des années courtes (9-14), que Sin lui en-
voie un mal incurable, le contraignant à quitter la
ville et à vivre au milieu des marécages et à pousser

---

nation SA NA (Col. III, 18, 23), le P. Scheil refuse d'identifier SA NA avec NA RU A, c'est-à-dire avec le kudurru et
propose de voir dans la chose exprimée par SA NA « un autre objet, qui servait de support au kudurru, ou simplement
encore un ustensile destiné au culte, celui qui, sur le relief,
est placé devant la déesse ? »

(1) Dans sa grossièreté, cet artifice est curieux. Le roi le
prévoit et le châtie.

des gémissements ! (15-19), que Ninip saccage son domaine (20, Col. V, 2)......... (1).

Sur la colonne VIII, gravée en sens inverse du précédent, ce kudurru contient la relation d'une autre donation de Mélišihu à sa fille. Il s'agit d'un verger planté, ayant une contenance de 3 gurs. Tout d'abord le kudurru rappelle les titres de propriété du souverain et de son vendeur. Puis, après avoir relaté la donation, ce monument rapporte que le roi donna à sa fille une tablette scellée de son sceau et qu'il fit graver et placer dans le temple de Ninni cette stèle *narua*. Enfin Mélišihu exempte de redevances ce domaine (2).

Cette inscription met en lumière surtout la procédure usitée par les monarques chaldéens pour assurer la stabilité de leurs donations (3). D'abord ils remettaient, comme les particuliers, une tablette scellée (*duppu* (*DUP*) ou *liu birim kunakkisu*. Col. I, 17, 18 ; Col. II 9 ; Col. VIII, 21) aux bénéficiaires de leurs largesses. Puis ils recourent à des stèles (*narua* ou *naru*. Col. II, 12 ; Col. VIII, 23) ou kudurru. Comme la tablette, la stèle ou kudurru relate l'acte de dona-

---

(1) Nous avons dit que les Col. V (sauf les 3 premières lignes) VI et VII ont été effacées.

(2) Quelques lignes d'une 9ᵉ colonne donnent à penser que le kudurru relatait une troisième donation.

(3) Thureau-Dangin, nous l'avons dit, a noté que les kudurrus rapportaient généralement des donations faites par des rois et qu'ils offraient relativement que peu d'exemples d'actes passés entre simples particuliers. *Revue d'Assyriologie*, XVI, 3, p. 11.

tion. Mais ces deux espèces de document ne font pas double emploi. La tablette scellée, en effet, tire son efficacité juridique du serment des parties, de leurs signatures et des sceaux des témoins. Dépourvu de tout serment, de toute signature, de tout témoin, le kudurru, au contraire, puise toute sa force, pour faire respecter les donations, dans les bénédictions ou les malédictions divines qu'il contient. A cet effet, les kudurrus étaient placés dans le temple de la divinité, à laquelle incombait surtout le soin de bénir les observateurs des clauses ou de maudire leurs violateurs. La tablette scellée obligeait donc en vertu du droit, tandis que la stèle ou le kudurru faisait appel à la religion. Ainsi l'inscription de ce kudurru de Melišihu confirme pleinement les explications données par Thureau-Dangin. sur la nature du kudurru, au début de son étude sur l'acte de donation de Marduk-zakir-šumi.

Le P. Scheil a traduit de l'anzanite des tablettes en terre cuite, qui ne sont pas datées et dont la plupart, six sur onze, sont relatives à des prêts (1).

Ces contrats de prêt ressemblent à ceux de la Ire dynastie sur la même matière. Nous y trouvons : un prêt sans intérêt (301), des prêts à intérêt (302, 306) et des prêts à intérêt dans le seul cas de remboursement non effectué à la date fixée. Pour le libellé aussi, ces tablettes anzanites sont analogues aux contrats

---

(1) *Mémoires*. T. XI. Textes élamites-anzanites, 4e série, pp. 89-101. Le P. Scheil nous dit que le groupe 301-307, qui est relatif à des prêts, a été trouvé, dans l'Apadana.

de la Ire dynastie. Cependant, les présents contrats de prêt mentionnent le rédacteur-scribe du document et la maison où celui-ci a été confectionné (1), tandis qu'ils ne portent pas la date de l'année. Pour mettre en relief ces ressemblances et ces divergences, citons la traduction du n° 303, d'après la traduction du P. Scheil :

Enveloppe : 5 sicles d'or : tablette au sujet de l'or que Huban api a emprunté à prix d'argent de Ummamunu.

Tablette : 6 sicles d'or, de Ummamunu, Huban api pour la valeur de 1 mine d'argent a pris, au mois de AS.

Si le paiement il n'effectue pas, au mois de SE, l'argent à intérêt sur lui croîtra (*ou* on (le prêteur) lui laissera).

Dallira, fils de Sarnuhuna, Hubannugaš, fils de Huban kidin, Parzirir, fils Ummamunu. En tout 3 témoins.

Urgitin a écrit la tablette. Dans la maison de Huban api ç'a (la tablette) été confectionné.

La mine valant soixante sicles d'argent, on peut remarquer, avec le P. Scheil, que, d'après l'estimation de cette tablette, l'or et l'argent étaient dans un rapport de 1 à 10 et dans celui de 1 à 12, d'après l'indication de l'enveloppe. Les variantes 5 et 6 sont en effet authentiques, par suite, probablement de la distraction du scribe.

Les tablettes de la dynastie d'Agadé, en dehors des deux concernant l'ordre religieux dont nous avons

---

(1) Le scribe, qui a écrit la plupart de ces tablettes, est Huban-Nugaš, 301, 302, 305. Quant à 306, c'est l'œuvre de Huban-sunuiš, son fils.

déjà parlé (1), se rapportent plutôt au domaine économique qu'à l'ordre juridique. Ce sont surtout des documents de comptabilité. Le P. Scheil fait ressortir excellemment leur intérêt : « Ces pièces présentent beaucoup d'analogie avec celles de la même époque découvertes en Mésopotamie ; mais le fait qu'elles proviennent de Susiane, c'est-à-dire d'un pays excentrique, vassal, habité par une population mixte de race et de langage, leur donne tout d'abord une valeur particulière. Ressemblantes, dissemblantes, on ne saurait les analyser trop minutieusement. Ce sont les seuls documents qui reflètent pour nous quelque chose de l'histoire publique et privée des Elamites, aux temps où était à son apogée la puissance accadienne » (2).

Ne pouvant nous livrer au travail d'analyse et de comparaison minutieuses recommandé par le savant assyriologue, nous nous bornerons à recueillir, parmi les renseignements fournis par les tablettes d'Agadé, quelques traits sur l'état social et sur la situation économique de la Susiane, à cette époque.

Le personnage le plus élevé dans l'échelle sociale que nous présentent ces documents est le patési d'Umma (tab. 9). Il fait don d'une somme d'argent à un scribe et d'un champ de 12 arpents planté en figuiers, ainsi que d'un palais de cèdre, à une femme, nommée

---

(1) Incantation par le E-SIR-RU et rituel de l'immolation de la brebis noire non saillie. Cf. 1 supra, pp. 66-68.

(2) *Mémoires*. T. XIV. Textes élamites-sémitiques, 5ᵉ série : p. 61.

Nana, dont la parenté avec lui n'a pu être reconnue, à cause d'une lacune dans la tablette.

Sur ce même document, nous trouvons, parmi les témoins de la donation, plusieurs personnages ayant une situation relativement élevée, un administrateur, un grand intendant, gardien de toutes les femmes, un commandant des greniers, un grand connétable (Legrain), un capitaine des pêcheurs, un chef des shadouff, un conjureur (1), un archiviste (2). Dans la même liste des témoins figurent des gens de condition sociale moins noble, tels des scribes, un barbier, un tueur de moutons, un pasteur

La tablette 72, qui est une liste de salaires en orge, octroyés à des soldats ouvriers, nous présente ceux-ci sous les ordres de capitaines. Mais ces chefs n'avaient pas beaucoup. d'hommes sous leurs ordres. Le maximum de leurs subordonnés est 16 et le minimum est 3. Ces *nu-banda* équivalaient donc à nos sergents ou à nos caporaux.

Dans la tablette 73, nous trouvons la mention d'un *damkarum*, c'est-à-dire d'un de ces négociants-banquiers, qui jouent un si grand rôle dans le code de Hammourabi.

Le personnel des grands *tiru* est composé d'offi-

-----

(1) Mušlahhu, probablement participe šafel du verbe luh-hušu, qui est le terme technique pour exprimer la récitation murmurée des prières et des incantations. Cf. DHORME, *Rev. Ass-bab.*, p. 289.

(2) (mar) pisan-dub, (fils) du panier à tablettes.

ciers et d'artisans. Parmi ceux-ci figurent des scribes, des médecins *azu*, des barbiers, tondeurs ou chirurgiens *sui* (1), des cuisiniers *mu*, des échansons, des préposés aux dattes.

La tablette 71 relate la dépense mensuelle, blé, salaire, nourriture, d'un très nombreux personnel qui, d'après M. Legrain, devait former la maison d'un patési.

Le chiffre de ces employés atteint presque le millier, puisqu'il s'élève exactement à 953. Dans ce nombre figurent des hommes et des femmes, des jeunes garçons et des jeunes filles (2).

Parmi les hommes, les artisans viennent en tête : 5 cuisiniers, 9 barbiers ou tondeurs, 1 graveur sur pierre, 7 charpentiers, 3 forgerons, 6 savetiers, 3 tailleurs.......... Les salaires de tous ces hommes ne sont point égaux ; ils sont sans doute proportionnés à la valeur des métiers et à l'habileté des individus. Ensuite viennent les ouvriers des champs : 17 cultivateurs, 1 pasteur, 7 âniers, 6 portiers des hommes (?). Puis on compte des hommes dont les métiers ou professions ne sont pas indiqués ; c'était probablement des domestiques.

C'est alors que viennent les femmes. Pour certai-

---

(1) Šu-i est aussi le terme employé dans C. H., §§ 226 et 227 ; il équivaut à galabum ; on le traduit par tondeur, chirurgien, barbier.

(2) 444 hommes, 387 femmes, 27 jeunes garçons, 90 jeunes filles, 5 vieilles filles.

nes de celles-ci, les professions sont indiquées. C'est ainsi que nous discernons des servantes, des tisserandes, des puiseuses d'eau (?), des meunières, des pâtissières.

Nous constatons que les hommes, les artisans exceptés, les femmes, les jeunes garçons et les jeunes filles sont mis sous la direction d'un *pa*, mot que M. Legrain traduit par « commis ». Le nombre de personnes confiées à ces *pa* est variable. Nous en trouvons parfois 16 et d'autres fois 40, 50, 60 (1).

Les rations d'orge varient suivant la valeur des artisans, leur sexe et leur âge. Les artisans les mieux payés ont, par mois, 60 qa, c'est-à-dire 24 lit. Les femmes ont ordinairement 30 qa, soit 12 lit. Les enfants et les vieilles femmes ont en général 20 qa soit 8 lit. Le total de la ration d'orge de tout ce nombreux personnel est de 120 gur 180 qa, c'est-à-dire 144 hectolitres, 72 litres (2). Après avoir énuméré la ration d'orge, pour le personnel, la tablette indique les rations à donner à certains animaux : à 14 attelages d'ânes (3), à 30 moutons de montagne, à 10 chiens. On mentionne ensuite les rations de diverses personnes, indiquées seulement par leur nom propre.

---

(1) M. Legrain traduisant par aveugle le mot sumérien *igi-nutug*, il en résulte que des aveugles figuraient dans le personnel. On devait les employer à des travaux faciles et mécaniques, comme à tourner les meules.

(2) On sait que le gur vaut 120 litres et le qa 0 l. 4.

(3) On voit qu'il n'est pas question de chevaux, à ces époques reculées.

Tout à fait à la fin, nous lisons : « 40 gur, moins 1 gur 180 qa, aux esclaves de la maison (arad-é) ». Suggestive est cette indication finale. D'abord, elle nous confirme dans l'impression que nous donnait la terminalogie et la disposition du texte, à savoir, que les artisans ci-dessus mentionnés n'étaient pas des esclaves, mais bien des personnes libres, ayant des métiers déterminés ou en étant dépourvues. Cet antique document révèle donc l'existence d'un monde de petites gens intermédiaires entre les personnes de la classe élevée et les esclaves. Mais c'est surtout sur le traitement usité à l'égard de cette dernière catégorie de personnes que la précédente note est instructive. Les esclaves sont placés tout à fait au dernier rang, même après les animaux. Bien entendu, pour eux point de salaire. Quant à la nourriture, tandis que, pour les artisans ou les employés, on indiquait soigneusement la ration de chaque individu, pour les esclaves, on ne se donne pas la peine de faire une telle distribution : sans préciser leur nombre, on se contente d'indiquer la quantité globale d'aliments à distribuer, comme on l'entendra, à tout le personnel esclave de la maison.

Que la Susiane ait été, comme la Chaldée, un pays éminemment agricole, les présentes tablettes servent à l'attester. Tout d'abord elles prouvent que, la plupart du temps, on se servait d'orge pour les paiements et les salaires. Aux exemples des tablettes 71 et 72 déjà apportés, nous pouvons ajouter ceux des documents 6, 11, 52........ qui eux aussi indiquent des salaires et des paiements en blé et en orge.

Le document 30 donne une liste de portions de terres, dont le revenu est attribué en salaire à des ouvriers. 21 est la copie d'un reçu de grains. Nous avons les comptes de la production d'orge de divers champs dans 17, 20, 45. Pour le prix d'une maison aux sommes d'argent et de bronze, on ajoute 2 qa d'huile et 80 qa d'orge.

La tablette 4 est la quittance du prix d'une maison. M. Legrain la traduit ainsi :

> 1 sicle, ½ mine d'argent,
> 1/4 de sicle d'argent,
> 2 mines de bronze,
> 2 qa d'huile,
> 2 sicles d'argent
> 80 qa d'orge,
> pour prix de la maison,
> Basah ilu a donné.

Cette quittance prouve que cette maison a été payée en sommes de diverses natures : argent, bronze, huile et orge. Si les sommes d'argent payées ne sont pas réunies, c'est probablement parce que le scribe a voulu respecter l'ordre chronologique suivant lequel les divers versements ont été effectués par Basah ilu. Suivant notre supputation, cette maison a coûté 276^{gr} d'argent, soit environ 56 fr. ; 1 k. de bronze, soit 10 fr. ; 0 l. 8 d'huile ; et 32 l. d'orge. Evidemment un tel prix n'est pas exorbitant. Mais, ni pour les dimensions, ni pour les matériaux, les petites constructions en pisé de la Susiane ne sont comparables à nos maisons modernes.

Les animaux dont nous parlent ces documents (59, 67, 68, 71) sont les ânes, les bœufs, les moutons, les chevreaux. Il n'est point question des chevaux dans ces pays, à ces époques reculées.

Enfin les tablettes 85 et 89 nous fournissent quelques renseignements sur les industries de l'époque. La première est un compte d'armurier, portant sur des lances de cuivre et des casques de bronze. Quant à la seconde, c'est une liste d'onguents et d'aromates. Nous y trouvons de la résine de cèdre et de l'essence kanaktu, c'est-à-dire, d'après M. Legrain, de l'essence de millet.

La 4e série des *Recherches archéologiques* (*Mém.*, t. XII) débute par une étude sur *les monuments pondéraux de Suse* due à M. Soutzo, de l'Académie roumaine. Dans ce travail très sérieux, il est certainement des renseignements propres à jeter plus de lumières sur la légalité qui présidait aux rapports économiques des Susiens.

Tout d'abord, M. Soutzo fait ressortir l'importance des découvertes de poids faites à Suse. Celles-ci ont, en effet, plus que doublé le nombre de poids assyro-chaldéens connus jusqu'alors. On a en effet trouvé à Suse 160 monuments pondéraux, dont 48 avec inscriptions.

Après une telle introduction, le savant auteur traite directement son sujet. A cette fin, successivement il donne une description générale des poids trouvés à Suse (1), et il offre une étude sur « la détermination du poids normal des unités pondérales assyro-chaldéennes ».

Dans sa description, M. Soutzo indique à la fois la forme, la matière et le poids. Ce dernier renseignement, il le doit, soit aux inscriptions, soit surtout aux pesées. « Tous ces poids, nous dit-il en effet, ont été pesés, sauf trois canards en pierre, portant des inscriptions, mais tellement mutilés que leur pesée ne pouvait nous fournir aucune indication « utile » (2).

Pour mettre de l'ordre dans sa description. M. Soutzo y a introduit des divisions. Les deux premières et les deux plus importantes ne comprennent que des poids en pierre : ceux qui portent des inscriptions font partie de la première division et ceux qui en sont dépourvus, sont rangés dans la seconde. Suivant que ces poids lapidaires ont la forme de canard ou celle d'ellipsoïde (3), chacune de ces grandes divi-

---

(1) De plus, M. Soutzo présente des tableaux annexes des poids assyro-chaldéens conservés au musée du Louvre (autres que ceux provenant des fouilles de Suse), au musée de Constantinople, au Bristish Museum, et de provenances diverses.

(2) *Mémoires*. T. XII, p. 2.

(3) A vrai dire, la représentation de la forme de canard est assez rudimentaire ; elle se borne à une boule ovale, dont se dégage un cou terminé par une tête de canard reposant sur le sommet du poids. Quant aux ellipsoïdes, M. Soutzo nous avertit lui-même qu'ils sont « plus ou moins renflés ou fuselés, et quelquefois terminés par de petites sections planes perpendiculaires à l'axe ».

sions se sectionne en deux groupes. Pour placer deux poids différents entre eux et ne rentrant pas dans les divisions précédentes, M. Soutzo a jugé à propos de faire deux catégories nouvelles. La troisième division ne comprend donc qu'un poids en pierre, ayant la forme d'une gazelle couchée (1). Un grand lion de bronze, au repos et porteur d'un anneau destiné à le soulever, est l'unique représentant de la quatrième division. Ce poids équivaudrait, d'après M. Soutzo, à un talent nouveau, au talent « quadruple de Suse ».

Parmi les inscriptions, que portent les poids trouvés à Suse, deux méritent d'être signalées.

Sur un canard en diorite (n° 6356), le P. Scheil a lu une inscription, qu'il a ainsi traduite : (2)

Poids de 40 mines fixes. Pierre taillée de Adad bani, grand prêtre de Marduk, le Babylonien.

---

(1) M. Soutzo note que le caractère pondéral de ce monument n'est pas très sûr.

(2) *Mémoires*, T. X, p. 95 et planche 6, N° 3.

Le chiffre indiquant le poids est assez effacé pour que le P. Scheil exprime un doute sur sa valeur exacte. Cependant, en se basant sur les pesées, et en tenant compte des fortes cassures de ce monument, M. Soutzo se croit autorisé à affirmer qu'il représente sûrement 40 mines assyro-chaldéennes légères.

Remarquons que ce poids TAK est appelé « pierre taillée » *naru*' aussi bien que les stèles, notamment celles du Louvre contenant le code de Hammourabi (col. XXIV 75, XXV 66, 84, XXVI 4....) et les kudurrus. Cette appellation est motivée soit par la forme taillée, soit par l'inscription.

Avons placé (comparé) ce poids de Marduk avec les poids
d'E SAG GIL, d'E ZIDDA et d'E LUGAL RIRI.

Il n'y a aucune date sur ce poids. Mais, à cause des
caractères babyloniens de son écriture, le P. Scheil
l'a rattaché à la Iʳᵉ dynastie babylonienne.

L'inscription nous apprend que ce poids était la
propriété du grand prêtre de Marduk, Adad bani,
et que celui-ci avait comparé son TAK avec ceux
des grands temples de Marduk (1), en sorte qu'il
était autorisé à se déclarer possesseur d'un véritable
poids de Marduk. Par les contrats de la Iʳᵉ dynastie babylonienne, nous savions déjà que, dans
les temples et notamment dans ceux de Šamaš à
Sippar, et de Marduk, à Babylone, il y avait des
poids, servant de normes pour les paiements et pour
toutes les opérations financières. Les mêmes documents nous avaient appris que, dans les temples et les palais de la Chaldée, il y avait de véritables trésors, dont on se servait pour faire des prêts
onéreux ou gratuits. Le P. Scheil a récemment mis en
lumière une catégorie de prêts essentiellement cha-

---

(1) C'est le verbe *Sakanu*, placer, qui est usité, mais le sens
demande la traduction « comparer » donnée par le P. Scheil.

E-SAG-IL « maison à la tête haute », grand temple de Marduk, à Babylone. E-ZI-DA « maison stable ». Ce temple
fut primitivement bâti à Borsippa, par Hammourabi, en
l'honneur de Marduk. Mais plus tard Nabu occupa seul le
temple et la ville de Borsippa. Cf. DHORME, *La religion
assyro-babylonienne*, pp. 100 et 103. Nous ignorons la divinité
titulaire du troisième temple.

ritables consentis par les temples : celle des prêts faits à de pauvres malades et seulement remboursables en cas de guérison (1). Évidemment les prêtres, pour les opérations commerciales, comme pour le culte, étaient les représentants nécessaires du temple auprès des particuliers.

Mais l'inscription du canard en diorite (n° 6356) nous donne une information quelque peu différente. Étant lui-même possesseur du poids de Marduk, Adad-bani effectuait pour son propre compte, et non au profit du temple, les pesées nécessaires pour les diverses affaires d'argent. Pour effectuer des paiements ou contracter des emprunts, les particuliers, au lieu d'aller au temple, s'adressaient à Adad-bani, puisqu'il possédait lui-même un vrai poids de Marduk. Il est à croire que les services de ce prêtre étaient l'objet d'une petite rétribution. Au cas, où Adad-bani aurait eu des fonds disponibles, son intervention n'aurait pas été limitée aux pesées, elle se serait encore étendue aux prêts. Cet usage d'un poids de Marduk fait par un prêtre de ce dieu pour son profit personnel constitue un trait de mœurs intéressant et jus-

---

(1) P. Scheil, *Revue d'Assyriologie*, XIII-III, pp. 128-132.

D'après Schorr (*Altbabylonische Rechtsurkunden*) p. 71, le Recueil de documents de Kolher-Ungnad (*Ubersetzte Urkunden*), contiendrait 17 contrats d'emprunt faits au temple. On conçoit que de véritables trésors aient pu être constitués dans les temples, par les taxes et les frais du culte, les impôts, les offrandes, les revenus.....

qu'alors unique, croyons-nous, dans la littérature assyro-chaldéenne.

Si la Bible ne nous présente pas de prêtre possesseur de poids, elle fait néanmoins allusion aux trésors et aux poids du temple.

Qu'il y ait eu des trésors d'or et d'argent dans le temple de Jahvé, les livres des Rois nous l'apprennent. Ils nous disent en effet : que Joas, roi d'Israël, « prit tout l'or, tout l'argent et tous les objets trouvés dans la maison de Jahvé et tous les trésors de la maison du roi », *II Rois*, XVI, 14 ; qu'Ezéchias, pour conjurer l'invasion de Sénachérib, donna à celui-ci « tout l'argent trouvé dans la maison de Jahvé et les trésors de la maison du roi », *II Rois*, XVIII 15 ; que Nabuchodonosor « enleva tous les trésors de la maison de Jahvé et de celle du roi », XXIV, 13. Les Livres Saints ne nous indiquent point les usages faits de cet or et de cet argent du temple. Il est permis de supposer que, comme en Chaldée, on l'utilisait parfois pour des prêts, onéreux ou charitables.

Quant au poids des temples, nous le retrouvons certainement dans ce « Sicle Saint » qui est cité comme norme, soit pour les pesées, soit pour les paiements. Ex. XXX 13, 24 ; XXXVIII 24-26 ; Lev. V 15 ; XXVII 3, 25 ; Nomb. III 47 ; VIII 13-86 passim. Comme aux temps mosaïques, le temple de Jahvé n'existait pas, il faut admettre que ce terme de comparaison, ou bien a été ajouté par un rédacteur postérieur, ou bien supposer une allusion à un temple égyptien ou chaldéen. Les exégètes indépendants sont partisans de la première solution. Ayant constaté que toutes les références se rapportent au seul code sacerdotal P et datant celui-ci d'Ezéchiel, ils s'expliquent fort bien qu'aux époques antérieures à ce prophète, on ne mentionne pas « le sicle saint » (1). Mais cette opinion ne s'impose pas. Si, au temps de la première dynastie chaldéenne, il est déjà question du sicle du temple de Marduk ou de Šamaš, on ne voit pas pourquoi les Hébreux n'auraient pu utiliser le « sicle saint » avant l'époque d'Ezéchiel. On remarque de plus que ni ce prophète, ni les hagiographes postérieurs n'ont parlé du « sicle saint ». Par contre, on pourrait tenter une explication du langage biblique à propos du sicle. Au temps patriarcal, on aurait usité simplement le « sicle transmissible à un commerçant », Gen. XXIII 16; aux temps mosaïques, alors que l'on revenait de l'Egypte, on se servit d'un sicle analogue à celui des grands temples de ce pays; enfin, plus tard, lorsque le poids uniforme de vingt *gera* fut fixé pour tous les sicles, on s'abstint de spécifier que ces poids devaient être conformes à ceux du temple (2). Bien entendu, en cette matière diffi-

____

(1) Ezéchiel, XLV 12, évalue le sicle à 20 *gera* tout comme Ex. XXX 13, Nomb. III 47, XVIII 16.

(2) A un seul endroit de la Bible, il est parlé du sicle du roi. C'est pour évaluer le poids de la chevelure d'Absalon : « deux cents sicles selon le poids (la pierre, *ebhen*) du roi », II Sam., XIV 26. Or les contrats de la Iᵣₑ dynastie babylonienne nous ont révélé l'existence d'un poids spécial usité souvent par le palais pour ses prêts. Ainsi nous lisons : « Une mine de lainé, au poids reçu au palais (*aban* namḫarti ekallim) ». CT VI 37 = KU-III 129, Sch. 55 (Sippar, Ammiditana).

cile, nous n'osons présenter aucune solution comme
définitive

Une autre inscription, ayant quelque intérêt, c'est
celle que porte un canard en diorite, N. 6325, et que
le P. Scheil a ainsi traduite (1) :

> 2 mines et demi fixes, appartenant à Naṣiri, fils de Kidin
> Gula, descendant d'Arad Ea.

Du fait que Naṣiri possédait à sa marque des poids
et des mesures, on peut déjà augurer qu'il était un
personnage important. Mais le P. Scheil a établi la
chose d'une façon certaine. En effet, d'une part, il a
établi que ce Naṣiri avait donné son nom à une tribu,
et, d'autre part, il a reconnu que cet Arad-Ea, men-
tionné sans plus, était un ancêtre fameux (2). Quel
usage faisait Naṣiri de son poids ? Evidemment,
il s'en servait pour ses propres affaires de vente,
d'achat, de prêt, etc...... Mais, étant donné le défaut
de caractère sacerdotal et par suite officiel de Naṣiri,

------

(1) *Mémoires.* T. VI, p. 48. M. Soutzo nous dit que ce poids
légèrement cassé pèse 4.915 gr. En conséquence, il le rapporte
à une mine de 1.966 gr. Cette mine correspondrait, probablement au quadruple de la mine assyro-chaldéenne légère et
serait tout à fait nouvelle. T. XII, p. 8.

(2) *Mémoires.* T. VI, p. 48. Le P. Scheil a constaté en effet
que dans un kudurru de l'époque de Marduk apal iddin (1129-
1117), sous le père de ce monarque, Meli Šihu (1144-1130),
plusieurs personnages revendiquent la parenté d'Arad Ea.
Col. II, 3, 8 ; Col. III, 5, 23, pp. 33-35. Il a encore trouvé sur
d'autres documents des personnages s'intitulant « fils d'Arad
Ea ».

nous ne croyons pas que le public ait recouru, pour son trafic, au poids de ce particulier.

De ses études sur les poids trouvés à Suse, M. Soutzo a conclu que les habitants de ce pays avaient des unités pondérales dont les unes coïncidaient avec celles des Assyro-Chaldéens et les autres en différaient.

« On ne saurait douter que la mine assyro-chaldéenne légère était l'unité pondérale principale des Susiens et près de 125 monuments sur les 160 paraissent appartenir à cette mine » (1). « La petite mine de 60 grains ou minette, qui n'était connue que par les textes, est représentée à Suse tantôt simple, tantôt par ses multiples » (2).

En recourant aux pesées de poids trouvés à Suse, à des textes d'Hérodote, M. Soutzo est arrivé à discerner trois espèces de mines dont chacune pèse le double de la précédente (3) :

Mine de Suse = 2025 gr. 70.

---

(1) *Mémoires*. T. XII, p. 23. Le mot *mine* est un mot sémitique dérivant du verbe (assyr.) *manu*, (heb.) *mana*, (syr.) *mana*, qui signifie compter et par extension payer. Pour payer en effet, il faut compter. La signification étymologique de mine est donc « ce avec quoi on a payé », « monnaie ». Le sicle est également un mot sémitique provenant du verbe (assyr.) Saqalu, (heb.) saqal qui signifie *peser*. Pour payer, en effet, on pesait, faute d'argent monnayé.

(2) *Ibid.*, p. 24.

(3) Ces chiffres ont été donnés par les pesées du grand lion en bronze de Suse et du lion de Khorsabad, pour les mines de Suse et de Ninive. Quant à la mine de Babylone, M. Soutzo a fixé son poids à l'aide des inscriptions de certains poids

Mine de Ninive = 1012 gr. 85.
Mine de Babylone = 506 gr. 42.

Comment expliquer la présence de ces trois espèces de mines dans le monde assyro-chaldéen ?

A cette question nous pouvons, avec M. Soutzo, donner la réponse suivante : par la diversité des poids des graines ayant servi d'unité pour constituer ces différentes mines.

Que les poids supérieurs aient été constitués à l'aide des poids inférieurs et non réciproquement, ceci paraît être une vérité de pur bon sens. Il est tout à fait dans la nature des choses que l'on parvienne aux sommes en groupant les unités et non point que l'on crée les unités en divisant les sommes. Nous n'éprouvons nulle surprise de ce que ce soit une conclusion conforme à ce principe qui ait été inspirée à M. Soutzo par ses études sur les monuments pondéraux : « On doit en conclure, à l'encontre des théories admises aujourd'hui, que les petites unités inférieures

---

susiens et il a trouvé la confirmation des indications de ces dernières dans un texte d'Hérodote.

Le grand lion en bronze de Suse pèse 121 kgs 543 et représente un talent susien. Le lion de Khorsabad pèse 60 kgs 300 et équivaut à un talent ninivite. On sait que le talent vaut 60 mines.

« Hérodote, le plus exact et le plus consciencieux des historiens grecs, nous apprend que le talent de Babylone valait 70 mines attiques. Le poids de la mine attique étant de 436 gr. il en résulte que le talent de Babylone était de 30 kgs 520 et la mine de Babylone d'Hérodote pesait ainsi 508 gr. 66 ». *Mémoires*. T. XII, p. 35.

assyro-chaldéennes que l'on considère comme de simples fractions divisionnaires des poids supérieurs, constituent au contraire les éléments de formation primitifs, et, pour ainsi dire les molécules de ces poids » (1).

Or il est certain que, chez les Assyro-Chaldéens, l'unité pondérale, qui a servi à constituer tous les poids supérieurs, c'est le grain. Ce fait est attesté tant par la signification primitive du nom de ce poids minime, que par la figuration de son idéogramme. C'est le même mot ŠE ou šeu qui signifie à la fois grain d'orge et qui dénomme l'unité pondérale inférieure. De l'avis de tous les assyriologues, l'idéogramme correspondant à ŠE ou šeu représente un grain de blé (2).

Que dans le monde assyro-chaldéen on ait pris des graines de poids différents pour former ainsi des séries différentes de mesures pondérales, M. Soutzo le conjecture de l'exemple des Romains. Les métrologues de ce dernier peuple attestent qu'il possédait des poids ayant à leur base le sitarion ou grain de blé et la silique, pesant quatre fois plus. Considérant l'origine chaldéenne de la silique, notre auteur est tout disposé à admettre que les Assyro-Chaldéens furent les inventeurs des poids établis à l'aide de cette graine. Quant à la graine pesant deux fois plus que l'orge ou le froment qui aurait servi à constituer les

---

(1) *Mémoires.* T. XII, p. 37.

(2) Cf. BARTON, *The Origin and Dévelopment of Babylonian Writing*, II. N. 323, p. 168.

poids de valeur double, M. Soutzo ne doute pas de son existence, quoiqu'il déclare en ignorer le nom.

Telle est l'hypothèse que suggère M. Soutzo pour expliquer la présence dans le monde assyro-chaldéen de mines et d'autres poids de valeur, simple, double et quadruple. Avouons que cette théorie est bien vraisemblable.

On a constaté la présence à Suse de poids ne se rattachant pas aux unités assyro-chaldéennes connues. Tel le poids n° 6325, dont nous venons de citer l'inscription (1). Telles des mines équivalant à la moitié d'une mine assyro-chaldéenne, ou pesant soit 576 gr., soit 640 gr. Tels enfin des sicles de 6, 10 15 ou 50 gr. De ces faits, il faut conclure avec M. Soutzo, « que les assyro-Chaldéens, à l'instar des grecs, possédaient de nombreuses unités pondérales et qu'ils en faisaient souvent un usage simultané » (2). Ajoutons qu'il faut peut-être ici aussi recourir à l'hypothèse de graines de poids variés pour expliquer l'existence de ces différentes séries de mesures pondérales.

---

(1) M. Soutzo dit que ce poids légèrement cassé pèse 4.915 gr. ; et il conclut de ce fait que ce poids se rapporte probablement à une mine de plus de 1.966 gr., vraisemblablement quadruple de la mine assyro-chaldéenne légère et tout à fait nouvelle. *T. XII, p.* 8.

(2) *Ibid.,* p. 24. M. Soutzo nous déclare qu'il aurait voulu pouvoir discuter ici les valeurs normales de ces unités de pesée que nous révèle l'étude des monuments de Suse et qui n'ont pas de rapports directs avec les unités connues de la Chaldée, mais qu'il ne possède pas encore d'éléments suffisants pour aborder utilement l'étude de cette question, p. 36.

CHAPITRE V

Point de vue Philologique

——✳——

On sait que les textes fournis par les fouilles de Suse, ont permis à l'éminent herméneute de la délégation de traduire une langue étrangère à la famille sémitique, l'anzanite, et de déchiffrer un système d'écriture aux caractères jusqu'alors peu accessibles.

Les tomes des *Mémoires*, que nous étudions, nous permettent de constater que de nouveaux textes ont fourni à la maîtrise du P. Scheil l'occasion de faire progresser encore et la science de la langue anzanite et la connaissance de l'écriture proto-élamite.

Le P. Lagrange expose excellemment la dénomination et les premiers essais de traduction faits par le P. Scheil de la langue anzanite. «Un très grand nombre de textes, écrits en des caractères familiers aux assyriologues, résistaient à l'interprétation. Scheil reconnut bien vite un idiome différent, qu'il a nommé anzanite. Et s'il a pu donner ce nom c'est que, avec une merveilleuse sagacité, s'aidant des idéogrammes dont le sens était le même dans les deux langues, des mots empruntés aux Sémites, des usages protocolaires de ces sortes d'inscriptions, ordinairement consacrées à commémorer des fondations pieuses, il est parvenu à traduire même ces inscriptions dues à des monarques qui prennent le nom de roi d'Anzan et de Suse ; Suse n'est jamais nommée la première » (1).

Dans les trois premières séries de textes élamites-anzanites, le savant herméneute avait publié, transcrit et traduit des textes anzanites d'époques relativement tardives. Les inscriptions les plus anciennes de ces séries sont celles d'Untaš Gal, qui vivait vers 1400 ou 1300 avant J.-C. Les autres textes anzanites, contenus dans ces volumes, datent des successeurs de ce monarque dans la double royauté d'Anzan et de Suse, c'est-à-dire de Kutir Naḫḫunte, de Silhac In Šušinak, de Šutruk Naḫḫunte II, dont les règnes couvrent approximativement la période 1100 à 1000 avant J.-C. Bien plus, la troisième série contient des tablettes anzanites du milieu du VIIe (vers 640).

Or la 4e série des textes élamites-anzanites débute par un texte de Naram-Sin. Pour faire ressortir toute l'importance de cette découverte au point de vue de la littérature anzanite, laissons la parole au P. Scheil lui-même. « Un texte anzanite de Naram-Sin, reculant de plus de mille ans l'histoire littéraire du peuple non sémitique d'Elam — c'est la remarquable

---

(1) LAGRANGE. *Mélanges d'histoire religieuse, Les fouilles de Suse d'après les travaux de la délégation en Perse*, p. 318.

découverte que nous publions ci-après. Encore qu'on ne pût rien inférer de l'absence de documents antérieurement à Untaš Gal, il restait étrange que la vitalité de la littérature anzanite à Suse ne s'affirmât qu'aussi tardivement, vers 1400 ou 1300 avant J.-C. La barrière est enfin rompue ! » (1).

Le texte en question est relativement court. Le fragment, qui le contient, porte, au recto et au verso, six colonnes d'écriture. Si celles-ci étaient complètes, elles contiendraient chacune vingt-cinq lignes, de quatre à cinq signes en moyenne. Mais de complètes, nous n'avons guère que les moitiés des colonnes de chaque face de la tablette. Dans les autres colonnes, nous ne trouvons qu'un nombre inférieur de lignes, parfois dix.

Evidemment l'intelligence de ce morceau est rendue très difficile du fait de toutes ces lacunes. Néanmoins, constatant la mention plusieurs fois répétée du roi Naram-Sin, reconnaissant les invocations de dieux anzanites et de dieux accadiens, et surtout lisant au recto Col. III 10-18 un texte qu'il traduit : « L'ennemi de Naram-Sin est mon ennemi, l'ami (?) de Naram-Sin est mon ami », le P. Scheil croit reconnaître dans ce texte une charte d'alliance entre les princes anzanites d'Elam et Naram-Sin, roi d'Accad. « La langue, dit le P. Scheil, y est pure de tout alliage sémitique et assez pareille à celle des monuments anzanites de la plus basse époque ».

____

(1) *Mémoires*. T. XI, p. 1

Mais, sur le système d'écriture, le docte herméneute fait une observation encore plus intéressante. « Quant au mode de rédaction, je ne puis me tenir de faire remarquer qu'elle est totalement phonétique, si l'on excepte trois noms divins figés en quelque sorte dans des idéogrammes. Or, à pareille époque, les textes sémitiques, ceux-là même de Naram-Sin abondent en idéogrammes, pour exprimer non seulement des substantifs ou des adjectifs, mais aussi des formes verbales : SAG-GIS-RA « il subjugua » ; LAM-KUR-ar « il dispersa » ; A-MU-RU « il voua », etc... Malgré l'état borné de notre documentation, ces divergences frappent l'esprit. Pourquoi en effet deux modes d'emploi du même système d'écriture, à la même époque, l'un phonétique, c'est-à-dire simple, presque parfait, l'autre idéographique-phonétique, c'est-à-dire complexe, imparfait. Pourquoi Naram-Sin écrivant de l'accadien est-il inférieur à lui-même écrivant de l'anzanite ? » (1).

----

(1) *Ibid.* — « Nin Šušinak, avec A-MAL et Sin, dans Naram-Sin, offrent seuls dans ce texte des vestiges d'idéographie ». SCHEIL, *Ibid.*, p. 4.

Nous pouvons donner comme exemple le nom du dieu In Šušinak. En langue sémitique ce mot ordinairement est exprimé à l'aide d'un idéogramme, surtout avant Hammourabi. Le P. Scheil signale la tab. 100 (*T. X, p.* 67) de l'époque d'Adad Pakšu, vers 2225, comme le premier document avant l'époque d'Hammourabi, où le nom du grand dieu susien est écrit phonétiquement.

En anzanite ce nom est très fréquemment écrit syllabiquement, par exemple, dans la stèle de Silhac In Šušinak (t. XI, p. 61.

Le P. Scheil trouve une explication plausible de ce fait dans l'hypothèse d'un emprunt par les Anzanites aux Sémites de leur système d'écriture. « Les Anzanites, de race et de langue non mésopotamiennes, au moment encore imprécis où d'abord ils subirent l'influence des Suméro-Accadiens, empruntèrent de ceux-ci leur système d'écriture, — avec discernement — abandonnant tout ce qui était entrave, convention, s'allégeant d'un bagage que le syllabisme pur et simple, né en principe depuis longtemps rendait inutile et fastidieux.

« Si en Mésopotamie on restait en arrière, si l'on persistait à ne pas faire table rase d'inutilités, et à quitter comme à regret un système plein d'embarras et d'équivoque, c'est que l'honneur national, le sentiment était en quelque sorte engagé. On y savait garder, et on pensait respecter un patrimoine, des traditions toujours chères, en dépit de l'imperfection et des inconvénients. L'Egypte en fit autant » (1).

Le P. Scheil nous avertit qu'il limite au cas anzanite ses très sages explications et qu'il ne les présente qu'à titre d'indication pour le cas sémite. En d'autres termes, le savant herméneute prétend affirmer seulement que ce furent les Anzanites qui empruntèrent aux Sémites leur système d'écriture, et il ne veut nullement décider la question d'emprunt relativement aux Sémites et aux Sumériens. « Un système imparfait, nous déclare-t-il, n'est pas fatalement

---

(1) *Ibid.*, p. 2.

congénère à celui qui l'emploie, et rien n'empêcherait, absolument parlant, que des Sémites, par exemple, se mêlant par pénétration graduelle, pacifique, plus encore que par irruption violente, à un autre peuple eussent pris de celui-ci, telle quelle, plus ou moins imparfaite, sa manière d'écrire. Quoi qu'il en soit, en Elam même, les scribes sémitiques, longtemps après Naram-Sin, ne se départirent pas de leur manière défectueuse, inférieure, ni ne se laissèrent gagner par le bon exemple et les procédés meilleurs des scribes anzanites ».

Le P. Lagrange est complètement d'accord avec son confrère sur la question de l'emprunt par les anzanites de leur écriture aux Sémites. « Si les Sémites sont demeurés fidèles aux idéogrammes, c'est qu'ils suivaient une routine traditionnelle, à laquelle ils étaient attachés parce que cette écriture était bien la leur, une écriture inventée par les Sémites » (1).

Dans ce même vol. XI, le P. Scheil transcrit et traduit des textes anzanites d'Untaš Gal, de Šutruk Naḫḫunte, de Silhac In Šušinak, de Huteluduš In Šušinak, etc...... Il termine ce tome par une liste de noms propres (personnes, géographie, divinités) et par un vocabulaire. Ces deux appendices constituent un précieux apport pour la connaissance de la langue anzanite (2).

---

(1) LAGRANGE, *Mélanges d'histoire religieuse, Les Fouilles de Suse*, p. 320.

(2) *Rev. d'Assyriologie*, XIV-I. Le P. Scheil donne le vocabulaire anzanite pour les présages qu'il a déchiffrés.

De la prière, qu'il a déchiffrée sur la grande stèle de Sihac In Šušinak, le P. Scheil dit très justement : « à la simple lecture, il saute aux yeux que cette prière est douée de rythme avec un certain parallélisme dans les idées, tantôt d'analogie, tantôt d'antithèse » (1-2). La traduction de cette prière, que nous avons citée dans la partie de cette étude consacrée au point de vue religieux, a déjà permis de constater le parallélisme de ses idées. Pour rendre possible le discernement du rythme et de la rime, rapportons le début du texte original de cette supplication, selon la disposition que lui a donnée le P. Scheil :

72 U aiak (šal) (nap) Nahhunte utu 73 ingirina
Kik murun burna u tukna

***

hubba 74 sahi i giripa kup huttakna
zabame qaq 75 hulina takna

***

puti harrakna
amma é 76 siyašna

***

rié i nukun hiski merukna
kûri 77 nukun hiški kurukna.

Au tome VI des *Mémoires de la Délégation en Perse* (textes élamites-sémitiques, 3e série), le P. Scheil

---

(1) *Mémoires.* T. XI, p. 30 sq.
(2) *Supra*, p. 38 et 39.

nous annonçait la découverte d'une nouvelle espèce d'écriture sur trois inscriptions lapidaires et quelques centaines de tablettes de comptabilité (1).

Des inscriptions en caractères babyloniens, qui, sur les trois fragments lapidaires, accompagnaient les textes en signes nouveaux, permirent au P. Scheil de conclure que ceux-ci avaient été employés sous Ba-ša-Šušinak (vers 3000 av. J.-C.). En effet d'une part, l'examen technique des fragments lapidaires prouve que l'inscription en babylonien a précédé l'inscription en nouvelle écriture, et d'autre part on ne trouve point d'emploi de ces signes archaïques après Ba-ša-Susinak. Aussi le P. Scheil de conclure : « Nos textes lapidaires n'ont qu'un seul et même auteur : Ba-ša-Šušinak » (2).

Le P. Scheil explique qu'il a dénommé cette écriture *proto-élamite*, parce qu'il lui suppose une origine commune avec le babylonien. « En fait, je suis porté à croire que ce que j'appelle l'écriture proto-élamite est de même origine que le cunéiforme babylonien, et qu'autrefois les deux styles étaient confondus, à un point lointain du passé, centre de diramation insaisissable pour nous. Le rameau proto-élamite s'est développé ensuite pendant très longtemps, de manière très indépendante ; d'où une disparate très considérable, quand il s'est rencontré à nouveau avec ce qui était devenu l'écriture babylonienne, — disparate

____

(1) pp. 59 sq.
(2) T. VI, p. 60.

assez considérable pour que nous soyons autorisés à parler d'écriture nouvelle..... Employée anciennement dans un milieu moins cultivé et pour ainsi dire sur la périphérie du mondè civilisé, l'écriture proto-élamite se sera schématisée plus lentement en écriture conventionnelle (sans arriver, d'ailleurs, à se dégager, si peu que ce fût, de l'idéographie). De là son aspect plus archaïque en face de l'écriture de Ba-ša-Šušinak, qui, cependant, lui est contemporaine. De là quelques ressemblances frappantes et nombre de divergences actuellement irréductibles » (1).

Reconnaissant des chiffres en grand nombre sur les tablettes d'argile, le P. Scheil conclut, sans aucune hésitation, que leurs textes sont des documents de comptabilité. Et le R. Père range dans la même catégorie les trois textes lapidaires, « qui ne sont ni des traductions, ni des transcriptions de la légende babylonienne de Ba-ša-Šušinak ».

Cette constatation permet au P. Scheil de dire que, lorsqu'elle fut supplantée par l'écriture babylonienne, l'écriture proto-élamite ne fut plus employée « que pour la comptabilité privée principalement et dans la partie des textes historiques qui relève du même ordre de choses, ordre utile et pratique. A cette époque de transition, ce qui devait commémorer les hauts faits était exprimé dans le nouveau style : les devoirs qui incombaient au public, offrandes dues et vouées au temple, liste de sacrifices ou de dona-

______

(1) *Ibid.*, p. 61.

tions pieuses, etc., étaient, comme de juste, mis à la portée de tous, par l'écriture traditionnelle encore courante.

« Ainsi s'explique le caractère double de divers textes lapidaire de cette époque et le caractère simple de toutes nos tablettes proto-élamites » (1).

Au tome VI des *Mémoires*, le P. Scheil a fait reproduire en héliogravure les deux textes lapidaires d'écriture proto-élamite A et B (2). Il y a de plus publié les dessins faits par M. Lampre de près de 400 tablettes de comptabilité, en y ajoutant l'héliogravure de quelques-unes d'entre elles.

Ensuite notre illustre assyriologue a dressé une liste de 989 signes proto-élamites. Les caractères employés dans les documents lapidaires sont classés en premier lieu. A chaque signe, un ingénieux système de références indique les endroits des documents lapidaires ou des tablettes qui le contiennent (3).

C'est alors que le savant herméneute publie un « essai de déchiffrement des textes proto-élamites » (4).

Il commence par étudier « le système de numération proto-élamite » (5).

« La numération dans l'ancien Elam, comme dans l'ancienne Egypte, suit le système décimal. Dans le rangement des chiffres, l'ordre supérieur précède

----

(1) *Ibid.*, p. 62.
(2) *Ibid.*, pl. 2.
(3) *Ibid.*, pp. 83-114.
(4) *Ibid.*, pp. 115-118.
(5) *Ibid.*, pp. 115-118.

l'ordre inférieur. « Jusqu'à neuf les chiffres sont marqués par des traits ; les dizaines sont indiquées par des points ; les centaines, par de petits cercles ; les milles par de petits triangles en forme d'œil ▷ . Les Proto-élamites ont aussi des signes pour les fractions. La moitié était exprimée par l'idéogramme de l'extrémité du doigt ⌒ . Le croissant ⌢ équivaut au sixième. « Au point de vue hiéroglyphique, le croissant 1/6 peut avoir été à l'origine l'ongle du doigt marqué sur l'argile. D'où peut-être aussi pour < la valeur *ubanu* « doigt » et par extension *salaru* « écrire », parce que, faute de cachet, on signait avec l'ongle, les documents » (1). On obtenait même d'autres fractions, en plaçant sous ces signes fractionnaires quelques signes particuliers.

Ce système de numération étant établi, le P. Scheil explore les documents A et B et quelques tablettes de comptabilité proto-élamites. Il parvient à reconnaître que les inscriptions A et B relatent des listes d'offrandes en victuailles, boissons, fruits pour le dieu Šušinak. Quant aux tablettes, ce sont des comptes d'animaux, de denrées et d'aliments.

Au tome X des *Mémoires*, nous trouvons des héliogravures de six textes proto-élamites C, D, E, F, G, H. (2). L'un d'eux D, s'enroule autour d'un serpent, comme B. Mais le P. Scheil se propose d'étudier ces stèles dans un prochain volume. Au tome

----

(1) *Ibid.*, p. 117.
(2) Pl. 4 et 5.

XIV des Mémoires, le P. Scheil donne la transcription du texte proto-élamite gravé sur le montant du siège de la statue de déesse, dont nous avons parlé dans le point de vue religieux (1). Le savant assyriologue se contente de nous indiquer le sens, suivant lequel ce texte doit être lu. « Le texte est à lire de bas en haut. Nous avons déjà dit que dans cette écriture, comme dans l'écriture égyptienne, l'on orientait indifféremment les signes de gauche à droite ou de droite à gauche. L'ensemble se gravait quelquefois de bas en haut » (2). Puis il remarque qu'une série de quatre ou cinq signes se retrouve ici dans le même alignement que dans les précédentes légendes proto-élamites de Ba-ša-Šušinak (Cf. *Mémoires*, t. VI, pl. 2).

Telles sont les seules informations que nous avons recueillies dans les tomes VI-XIV des *Mémoires* sur les textes proto-élamites. Le P. Scheil nous explique que son laconisme provient de son dessein de consacrer un des prochains volumes des *Mémoires* à des tablettes proto-élamites. « On relèvera alors l'ensemble des éléments graphiques de ces textes, en supplément à la grande liste que j'ai dressée au t. VI, p. 84 à 114. Quelques stèles publiées au t. X (pl. 4 à 5) seront analysées dans le même but ».

Le P. Lagrange nous apprend que M. Franck, en 1913, a tenté un déchiffrement du proto-élamite, en supposant une écriture syllabique et une langue an-

---

(1) *Supra*, p. 52.
(2) T. XIV. pp. 18 et 19.

zanite (1). Il espère que cet essai provoquera une reprise de la question par le P. Scheil. Jusqu'à présent le savant assyriologue n'a pas répondu à cette tentative. A moins qu'il ne la traite par le dédain, il en parlera sans doute dans le volume qu'il nous annonce comme devant être consacré aux textes proto-élamites.

En tout cas, le P. Lagrange trouve « qu'il saute aux yeux que cette écriture a une certaine relation avec les ornements de la poterie fine. Le zigzag que M. Toscanne regarde comme l'image du serpent, les deux triangles affrontés en forme de double hache, le peigne (?) se reconnaissent aisément, ainsi que bien d'autres signes ». De cette constatation, le P. Lagrange tire un argument en faveur de l'opinion, soutenue par le P. Scheil, de l'origine proto-susienne de cette écriture. Et du même coup il recueille un appui nouveau pour sa croyance à l'origine sémitique de toute la civilisation susienne.

Puisque nous avons eu, dans cette étude, l'occasion de parler des fragments d'un code écrit en langue sumérienne, n'oublions pas de dire que c'est le P. Scheil qui les a le premier transcrits et traduits. Les assyriologues du Musée de Philadelphie s'étaient bornés à publier simplement les deux tablettes, pleinement ignorants de la précieuse teneur que devait y découvrir l'éminent herméneute français.

---

(1) *Mélanges d'histoire religieuse. Les Fouilles de Suse*, p. 317.

Conclusion

———✳———

De notre mieux nous avons présenté les principaux résultats des nouvelles fouilles de Suse, en les rattachant aux ordres historique, religieux, juridique, économique et philologique.

Dans cette étude, nous ne nous sommes laissés rebuter ni par le recul de ces époques lointaines, ni par le caractère parfois aride des renseignements. Toujours en effet nous avons senti notre ardeur se ranimer, à la pensée de satisfaire à une triple obligation.

L'humanité ne formant qu'une seule et même famille, les hommes d'aujourd'hui n'ont pas le droit de se désintéresser de ce qui concerne leurs devanciers. Fut-il très lointain le passé, auquel ceux-ci appartiennent, nous devons avec un intérêt respectueux prendre connaissance de leurs pensées, de leurs mœurs et de leurs actes, afin de leur rendre pleine justice.

Notre civilisation chrétienne dérivant de celle du peuple hébreu, le devoir nous incombe de bien connaître les idées et les mœurs d'Israël. Or il est certain qu'un apport précieux en ce sens nous est fourni par l'étude d'un peuple voisin. Que nous l'ayons oui ou non souligné, il est incontestable notamment que par les rapports offerts, par les différences présentées, par les lacunes comblées, les fouilles de Suse nous ont mis en état de mieux apprécier le peuple d'Israël.

Enfin ne nous est-il pas salutaire de comparer la civilisation moderne avec celle d'une époque reculée ? La constatation des avantages, dont nous jouissons, nous permet de mieux apprécier notre bonheur. Mais aussi l'aveu de ressemblances, et peut-être d'infériorités, est bien de nature à rabaisser un peu l'excès de notre orgueil.

D'ailleurs, en dehors de ces considérations d'ordre général, il nous semblait que nos qualités de français et de prêtre nous imposaient le devoir de nous occuper avec soin de la divulgation des principaux résultats des Fouilles de Suse.

Il s'agit en effet d'une œuvre purement française, admirablement organisée, accomplie au prix des plus grandes fatigues, expliquée par d'éminents archéologues, interprétée grâce aux rudes labeurs du P. Scheil. Devant de si grandes fatigues et de si pénibles efforts de la part de compatriotes et notamment d'un religieux dominicain, le public et surtout le clergé français doivent-ils rester indifférents ? Puisque le sens de la réponse à une pareille question ne saurait être douteux, non seulement nous ne regrettons aucunement d'avoir entrepris notre œuvre de divulgation, mais nous sommes tout disposés à la poursuivre. Or précisément, nous sommes heureux d'annoncer que bientôt une pareille occasion nous sera offerte. En effet, sur l'initiative du P. Scheil et de M. de Mecquenem, les nouveaux directeurs de la Délégation en Perse, et avec le concours de M. Coville, directeur de l'Enseignement supérieur, au ministère de l'Instruction publique, on a obtenu les fonds nécessaires et pour reprendre les fouilles à Suse, dès l'hiver 1920-1921, et pour publier de nouveaux volumes des *Mémoires*.

Table Analytique des Matières

www.ingramcontent.com/pod-product-compliance
Ingram Content Group UK Ltd.
Pitfield, Milton Keynes, MK11 3LW, UK
UKHW021912070726
13613UKWH00001B/495